ES
SPUKT IN
OBERBAYERN

25 geheimnisvolle Sagen
zwischen Donau
und Alpenrand

 J. BERG

Inhalt

Vorwort   4

 1 Der Hirte von Vohburg   6
 2 Teufelswerk und gute Tat   10
 3 Das Schloss im Teufelsberg   16
 4 Sagen von der Münchner Frauenkirche   20
 5 Der Ring des Hofrats   26
 6 Der Schatz des Bayrischen Hiasl   32
 7 Das Königskind in der Reismühle   36
 8 Die Geister bei der Roseninsel   42
 9 Das Pestmännlein von Rottenbuch   48
10 Wetterhex' und Schachengeist   52
11 Der Geiger und der Wolf   58
12 Die Ebersberger Eber   62
13 Die Baumeister zu Wasserburg   68
14 Die Köhler von Burg   72
15 Der Kreuzfelsen in der Salzach   80
16 Gotteszeichen und Geisterspuk   84
17 Der Teufelsgraben bei Holzkirchen   90
18 Sagen vom Heppei   96
19 Spuk an der Kampenwand   102
20 Das Gespenst vom Waginger See   108
21 Hirtensagen vom Untersberg   114
22 Die Steinerne Agnes   120
23 König Watzmann   124
24 Der Schmied von Mitterbach   130
25 Der Jäger Berchthold   136

Register   142
Impressum   143
Übersichtskarte   144

$\mathcal{G}$eheimnisvolle Bergseen, die zauberhafte Nixen erscheinen lassen. Gotteshäuser, in denen der Teufel höchstpersönlich sein Unwesen treibt. Oder Schlösser, die nach einem Fluch urplötzlich vom Erdboden verschwinden.

In Oberbayern werden besonders vielfältige Sagen seit Jahrhunderten von Mund zu Mund weitergetragen. Nach dem großen Erfolg der ersten Sagensammlung »Es spukt in Franken« begab ich mich auch in den anderen Regierungsbezirken Bayerns auf Legendensuche. Besonders spannend war für mich persönlich dabei natürlich die Frage, wo denn in meiner schönen Heimat Oberbayern die vielen interessanten alten Geschichten, von denen man immer wieder hört, zu finden wären.

In ganz Bayern findet der Sagensammler gerade in jenen Landschaften genügend Stoff, die eine besonders anregende Kulisse für übernatürliche Geschichten aller Art bieten: Ob am geheimnisvollen Königssee oder am sagenumwobenen Untersberg, ob in den Chiemgauer Alpen oder im Wettersteingebirge – überall hier kommt die Fantasie auf ihre Kosten. So hat sich eine große Anzahl der zusammengetragenen Legenden am landschaftlich einmaligen oberbayerischen Alpenrand ereignet.

Einen weiteren Sagenschwerpunkt dieses Buches bilden die Landeshauptstadt München und ihre nähere Umgebung. Hier trifft man hin und wieder auf herausragende Persönlichkeiten – unter anderen auf Karl den Großen höchstpersönlich. Aber auch die Flüsse Inn und Salzach stellen eine wichtige Sagenquelle dar. Ob in Wasserburg, Altötting oder Burghausen: Wenn sich zu einem geheimnisvollen Fluss auch noch eine historische Altstadt gesellt, ist eine Sage bestimmt nicht weit!

Von allen in diesem Buch erscheinenden Sagengestalten steht der Teufel an erster Stelle. Ob bei Kirchbauten in München und Ingolstadt, einem geheimnisvollen Graben in der Nähe von Holzkirchen oder bei der Verführung einer Sennerin – allzu oft hat der Höllenfürst selbst seine bösen Hände im Spiel. Aber ich stieß auch auf sehr überraschende Protagonisten wie eine Kröte, die den Menschen im Chiemgau Gutes tut. Und selbst Gespenster, die ihren Kopf im Arm tragen, spuken in der oberbayrischen Sagenwelt herum.

So groß wie die Anzahl der ausgegrabenen Sagen, so breit war auch das Stilspektrum, in dem diese überliefert sind. Manch eine Überlieferung wird da in schöner, aber nicht leicht zu lesender Versform weitererzählt. Andere Sagen sind entweder zu trocken oder aber übertrieben nacherzählt. Bisweilen fand ich auch alte Texte, bei denen allenfalls der versierte Humanist wirklichen Lesespaß genießt. So hoffe ich, dass es mir gelungen ist, alle Geschichten in einem lebendigen und möglichst einheitlichen Stil nachzuerzählen, der Jung und Alt anspricht.

Ganz besonderen Spaß macht es, sich die Sagen dieses Buches am Ort des Geschehens zu Gemüte zu führen – mit oder ohne Kinder. Ich habe deshalb bei fast allen Geschichten Hinweise zur Anfahrt und sonstige Informationen zum »Schauplatz der Sage« hinzugefügt. Denn in den meisten Fällen lässt sich das Schmökern mit einem sehr netten Wander- oder Kulturausflug verbinden.

Besonders bedanken möchte ich mich bei Bernd Wiedemann, denn seine hervorragenden Illustrationen erwecken die alten Geschichten schon auf den ersten Blick so richtig zum Leben.

Nun aber los! Auf ins geheimnisvolle Oberbayern, in das Reich sagenhafter Hexen, Geister und Könige!

Michael Pröttel

Der Hirte
von Vohburg

Heutzutage sieht man auf den weiten Feldern in Oberbayern nur noch selten Hirten mit ihren Schafen. Früher, als die Landwirtschaft weniger perfekt technisiert war, hütete man auf den Wiesen nicht nur Ziegen und Schafe, sondern auch Schweine. Bis in die Dreißigerjahre des vorigen Jahrhunderts gab es in Vohburg einen Dorfhirten, der die Schweine von den Bauernhöfen auf die gemeindlichen Sauwiesen trieb. Im 16. Jahrhundert soll einer dieser Hirten mit dem Teufel im Bunde gestanden haben.

*V*or langer Zeit gab es in Vohburg einen Gemeindehirten namens Hannes. Er war ein mürrischer Eigenbrötler, mit dem niemand im Dorf etwas zu tun haben wollte. Jeder wusste, dass Hannes der Wilderei nachging. Und hartnäckig hielt sich das Gerücht, dass er den Veit-Bauern auf dem Gewissen habe. Angeblich hatte der Gemeindehirte den reichen Bauern auf dem Heimweg vom Viehmarkt überfallen und ausgeraubt. Doch beweisen konnte ihm das Verbrechen keiner. Immer wieder hatten Dorfbewohner Hannes dabei beobachtet, wie er mit einem unheimlichen Fremden am Rande der Sauwiese Karten spielte. Schnell hieß es, dass sein Kamerad der Teufel höchstpersönlich sei, da dieser einen behaarten Geißfuß habe und ein beißender Schwefelgeruch von ihm ausgehe.

Und es war tatsächlich so: Hannes hatte dem Teufel seine Seele verschrieben. Denn der Höllenfürst half ihm nach dem Mord am Veit-Bauern dabei, alle Spuren erfolgreich zu verwischen. Der Teufel verpflichtete sich in dem unseligen Pakt, dem armen Schweinehirten jeden Abend eine stattliche Mahlzeit zu servieren, die aus Fleisch, Bier und Branntwein bestand. Darüber hinaus rang der listige Hannes dem Teufel sogar noch einen kleinen Ausweg ab: »Wenn ich dich beim

Kartenspiel dreimal hintereinander schlage, so soll meine Seele wieder frei sein!« Und der Beelzebub schlug ein, denn er war sich sicher, dass er unbesiegbar sei.

So kam es, dass Hannes und der Teufel fast jeden Tag leidenschaftlich Karten spielten. Tag um Tag, Jahr für Jahr. Hannes wurde älter und bekam es zunehmend mit der Angst zu tun, denn kein einziges Mal war es ihm gelungen, mehr als zwei Spiele hintereinander zu gewinnen. Doch dann kam der lang ersehnte Tag. Endlich schien das Glück ihm hold zu sein. Zwei Spiele hatte Hannes schon gewonnen, als der Teufel die Karten des entscheidenden Spiels ausgab. Der Schweinehirte nahm seine Karten auf die Hand und schaute den Teufel angriffslustig an. Er war sich sicher, dass er mit einem so guten Blatt unmöglich würde verlieren können. Ausgerechnet in diesem Moment schlug die Angelusglocke im Andreasturm zum Mittagsläuten an. Schlagartig warf der Satan die Karten weg, wälzte sich wie wahnsinnig auf dem Boden herum und verschwand urplötzlich mit einem großen Knall. Man muss wissen, dass das Geläut dieser heiligen Glocke alle bösen Mächte verbannt, denn die Angelusglocke ruft die Menschen seit dem Spätmittelalter zum Gebet.

Voller Wut rannte Hannes zur Andreaskirche, die der Mesner bereits verlassen hatte. Er stürmte zum Glockenstuhl hinauf und lockerte die Verschraubung der Angelusglocke, sodass das schwere, gusseiserne Ding beim nächsten Läuten auf der Stelle herabfallen musste. »Du wirst mich nicht mehr um meinen Gewinn bringen«, lachte sich der Hannes ins Fäustchen und stieg den Turm wieder herunter. Doch als er den Erdboden wieder erreicht hatte und genau unter dem Glockenstuhl stand, löste sich die Angelusglocke, sauste pfeilschnell herab und erschlug den hinterlistigen Gemeindehirten. Als der Mesner den lauten Aufprall hörte, eilte er natürlich gleich zum Andreasturm zurück. Dort sah er den leblosen Leichnam des Hannes in einer großen Blutlache liegen. Er holte den Dorfpfarrer herbei, doch als die beiden in den Kirchturm traten, war die Leiche des Hirten spurlos verschwunden und nur ein großer Blutfleck bewies dem Pfarrer, dass der Messdiener die Wahrheit gesprochen hatte.

Plötzlich hörten die beiden von draußen einen markerschütternden Schrei. Als der Pfarrer ins Freie eilte, rief eine Frau, die einer Ohnmacht nahe war: »Seht nur, am Kirchturm hängt der Kopf des Sauhirten!« Der Pfarrer erblickte hoch oben an der Südseite des Andreasturmes den Kopf von Hannes. An seinem Bart hing eine kleine Glocke. Und von diesem Moment an bimmelte sie mit, wenn die an ihren Platz zurückgebrachte Angelusglocke geläutet wurde.

Obwohl der mumifizierte Kopf des Hirten im Laufe der Jahrhunderte zerfiel und man ihn durch eine hölzerne Nachbildung ersetzte, geriet die alte Sage nie gänzlich in Vergessenheit. Wenn sich die Dorfkinder heute beim Heimkommen am Abend verspäten, hört man wohl ab und an wirklich noch eine besorgte Mutter rufen: »Kinder, kommt schnell herein, sonst holt euch der Betläuter vom Andreasturm!«

Infos zum Ort der Sage

Vohburg erreicht man von Norden von der A9 bei der Ausfahrt »Ingolstadt Nord« bzw. von Süden von der A9 bei »Manching«. Die Andreaskirche befindet sich am Stadtplatz. 1945 wurde die Andreaskirche bei einem Fliegerangriff schwer beschädigt. In den Jahren 1954/55 erfolgte der Umbau des Sakralbaus zum Rathaus. Der Holzkopf wurde abgehängt und durch eine widerstandsfähige Nachbildung ersetzt. Das Original kann nach Anmeldung im Stadtarchiv (Tel. 08457/9 29 20, nach Herrn Kolbe fragen) besichtigt werden.

Teufelswerk
und gute Tat

Der Wittelsbacher Herzog Ludwig der Gebartete stiftete
Ingolstadt das Liebfrauenmünster im Jahre 1425. Die Ausmaße
des Gotteshauses sind enorm: Es ist 89 Meter lang und 37 Meter
breit, die Höhe des Mittelschiffes beträgt 28 Meter. Dem Teufel
passte der Bau des Münsters überhaupt nicht. Aber auch die
Gegenspieler des Leibhaftigen haben im Ingolstädter Sagenschatz
ihre Spuren hinterlassen.

Jahrelang hatte der Teufel dem Bau des berühmten Ingolstädter Münsters voller Grimm zugeschaut, denn für ihn war die Errichtung einer so großen Kirche das Schlimmste, was er sich nur vorstellen konnte. »Sollen die braven Ingolstädter sich nur abplagen. Wer zuletzt lacht, lacht am besten«, dachte sich der Beelzebub und kam dem Fortgang des Bauwerks zunächst nicht in die Quere.

Doch als das Liebfrauenmünster endlich fertig war, hielt es der Teufel nicht mehr aus. Noch bevor die erste Messe im Münster gehalten wurde, schlich der Höllenfürst in einer sturmvollen Nacht in die Kirche. Unzählige Blitze zuckten durch den rabenschwarzen Himmel und verschmolzen zu einem nicht enden wollenden Donner. Da riss der Leibhaftige einen riesigen Marmorblock aus dem Bauwerk und stieg in die Luft. Den Stein hielt er fest umklammernd in seinen Armen.

Von oben schleuderte er den gewaltigen Marmorblock auf das frisch gedeckte Kirchendach hinab und eilte zufrieden in die Hölle zurück, denn er war sich sicher, dass sein Wurf den ganzen Dachstuhl zerstört hatte.

Doch da irrte sich der Teufel gewaltig! Sein Felsblock hatte das Kirchendach verfehlt und war neben dem Gotteshaus in den Friedhof gestürzt. Die Ingolstädter staunten nicht schlecht, als sie am nächsten Morgen vor der Messe den riesigen Stein dort liegen sahen. Jahrhundertelang traute sich niemand in der Stadt, den unheimlichen Felsblock auch nur anzufassen, denn es war ein weitverbreiteter Aberglaube, dass eine Berührung des Felsens schlimmes Unglück nach sich ziehe.

Erst im Jahr 1814 fasste sich ein mutiger Bürger ein Herz. Er erstand den Stein, um ihn vor seinem eigenen Haus als Eckstein aufstellen zu lassen. Nach langem Suchen fand er ein paar beherzte Soldaten, die den Felsen zu dem Ort brachten, an dem der Teufelstein bis heute noch liegt. Die Furchtlosen wurden gut belohnt und nirgendwo wird berichtet, dass die Soldaten von diesem Tag an verflucht waren. Der Teufel aber fliegt bis heute vor Wut entbrannt um das Münster herum. Selbst bei Windstille ist auf der Nordseite des Liebfrauenmünsters ein deutlicher Luftzug zu spüren.

Auch im Ingolstädter Franziskanerinnen-Kloster wurde einst eine – wenn auch nicht ganz so große – Kirche gebaut. Durch den Bau hatten sich die guten Nonnen des Klosters über die Maßen verschuldet. Tag und Nacht saßen die älteren Schwestern an ihren Webstühlen und woben Schleier, um wenigstens einen Teil ihrer Schulden zu begleichen. Die jüngeren Nonnen zogen bettelnd durch Ober- und Niederbayern, um im Namen Gottes eine Bausteuer zu erbitten. Leider ernteten die tapferen Frauen oft nur höhnische Worte oder sogar Fußtritte. Bei den Mahlzeiten fehlte es den Klosterfrauen daher oft an Brot und Schmalz, sodass sie sich von dünner Milchsuppe ernähren mussten. Kaltes Wasser war lange Zeit ihr vornehmstes Getränk.

Eines schönen Frühlingsmorgens, als Schwester Agnes, die
Oberin des Klosters, sich besonders große Sorgen darum
machte, wie sie ihre Nonnen satt bekommen sollte, klopfte
es an der Klostertüre. Die Pförtnerin Schwester Barbara öffnete zitternd die schwere Holztüre – und blieb wie angewurzelt stehen. Vor ihr stand eine wunderschöne Frau in
einem blauen Samtmantel. Die unbekannte Gestalt strahlte
eine unglaubliche Kraft auf die staunende Nonne aus. Mit
einem sanften Lächeln übergab das engelhafte Wesen ihr
eine große Pfanne und sprach: »Bringe dieses Mus der ehrwürdigen Oberin und deinen lieben Schwestern.« Als die
Nonne wissen wollte, wer denn die Spenderin der willkom-
menen Gabe sei, sagte die Unbekannte nur: »Ich nenne
mich nicht. Gehe nur hin und bringe deinen hungrigen
Schwestern dies zur Speise.«

Oberin Agnes war natürlich überaus dankbar für die
unverhoffte Spende und wollte ihre Freude gleich mit ihren
Schwestern teilen. Doch der Alltag auf dem Kloster war sehr
streng geregelt und so stellte sie die Pfanne erst auf den
Tisch, als die nächste Mahlzeit auf der Tagesordnung stand.
Allen Schwestern lief das Wasser im Munde zusammen
beim Anblick dieser köstlichen und für sie so besonderen
Speise.

Aber die guten Nonnen beherrschten sich und nahmen
der Reihe nach nur jeweils einen Löffel voll zu sich, denn
schließlich sollte niemand zu kurz kommen. Wie wunder-
ten sich die Schwestern jedoch, als die Pfanne auch nach
der zweiten und dritten Löffelrunde nicht leerer wurde!
Und so konnten sich die Klosterfrauen zum ersten Mal
nach langer, langer Zeit an einem wohlschmeckenden Mahl
so richtig satt essen. Erst nachdem auch die hungrigste
keinen Löffel mehr zum Mund führen konnte, leerte sich

die Pfanne allmählich. Seit diesem Tag hat keine der guten Nonnen jemals wieder einen schlimmen Hunger verspürt.

Oberin Agnes aber fragte Schwester Barbara verwundert: »Wie hat die gute Frau denn ausgesehen, die uns dieses wundersame Almosen geschenkt hat?« Barbara aber konnte nur antworten: »Die Frau trug einen wunderschönen blauen Mantel. An ihr Gesicht kann ich mich kaum erinnern, denn sie wandte es die meiste Zeit ab. Sie hat sehr sanft und freundlich mit mir geredet. Als ich aber die Pfanne in den Händen hielt, war die unbekannte Frau plötzlich verschwunden. Doch das Seltsamste war die unheimliche Kraft, die von ihr zu mir übergegangen ist!«

Da waren sich alle Nonnen einig: Die Frau im blauen Mantel musste die Jungfrau Maria gewesen sein. Die Schwestern behüteten die wertvolle Pfanne wie ihren eigenen Augapfel. Aber niemand kam ins Kloster der Franziskanerinnen, um das gute Stück abzuholen. Im 16. Jahrhundert wurde die Pfanne dann auf Anweisung des Münchner Hofes in die Landeshauptstadt gebracht. Doch die Münchner hielten das segensreiche Kochgeschirr nicht in Ehren. Irgendwo in den Tiefen des Antiquariums in der Münchner Residenz ist die Muspfanne verschollen.

Infos zum Ort der Sage

Ingolstadt erreicht man von der A9 über die Ausfahrten »Ingolstadt-Nord« oder »Ingolstadt-Süd«, oder aus der Richtung Regensburg/ Günzburg über die B16. Der Teufelstein befindet sich in der Fußgängerzone an der Ecke der Straßen Am Stein und Theresienstraße. Folgt man der Theresienstraße nach Westen, dann kommt man zum Liebfrauenmünster. Die Franziskanerbasilika erreicht man über die Straße Am Stein nach Norden.

Das Schloss im Teufelsberg

Im Münchner Westen ragt ein kleiner Hügel etwa 25 Meter aus der umliegenden Schotterebene heraus. Da man sich zu früheren Zeiten die Entstehung eines solchen Einzelberges nicht mit geomorphologischen Prozessen erklären konnte, wurde dieser geheimnisvolle Ort zum Schauplatz einer tragischen Sage.

Auf einem kleinen Hügel unweit von Aubing stand einst ein prachtvolles Schloss. Es war aus weißen Kalksteinen erbaut und hatte wunderschöne Erker und Türmchen. Darin lebten der junge Graf und seine hübsche Gemahlin, die einander über alle Maßen liebten. Bei ihren Untertanen war das glückliche Paar sehr beliebt. An einem stürmischen Herbstmorgen brach der Graf allein zur Jagd auf. Liebevoll verabschiedete er sich von seiner Frau und versprach, noch vor der Abenddämmerung wieder im Schloss zu sein. Den ganzen Tag ging die schöne Gräfin unruhig im Schloss umher und konnte keinen klaren Gedanken fassen. Sie hatte in der Nacht einen bösen Traum gehabt und war bereits mit einer schlimmen Ahnung aufgestanden. Da sie aber keine Spielverderberin sein wollte, hatte sie ihren lieben Mann wie immer losziehen lassen.

Als nun die Sonne am Horizont verschwunden war, steigerte sich ihre Befürchtung zu einer unsäglichen Angst. Sie schickte die Diener auf die Suche, doch nach mehreren Stunden kamen die Männer ohne die geringste Spur des Grafen zurück. Da ließ die Gräfin alle Lichter des Schlosses anzünden, damit ihr Mann den Weg nach Hause schon von Weitem erkennen konnte, wenn er sich verirrt hatte. Das Schloss leuchtete so hell, dass man hätte meinen können, es würde ein prächtiges Bankett gefeiert. Doch auch dies brachte den Grafen nicht zurück.

Schlafen konnte die Frau in dieser Nacht nicht. Um die dritte Morgenstunde vernahm sie ein klägliches Winseln. Sofort eilte sie zum Schlosstor und war überglücklich, als ihr der Lieblingshund ihres Mannes auf den Schoß sprang. Sie dachte, dass das Tier vorausgeeilt sei und ihr Liebster ebenfalls bald auftauchen würde. Doch dann bemerkte sie bestürzt, dass sein Maul blutverschmiert war. Sie sah genauer hin – und ein grauenhafter Schrecken fuhr durch ihren schönen Leib. Zwischen den Zähnen des Hundes befand sich ein Finger. Und ein Ring bewies ihr, wem dieser Finger einst gehört hatte: Es war der Ehering ihres Mannes, den sie ihm bei der Hochzeit angesteckt hatte. Den Ring hatte der Geliebte seitdem nicht ein einziges Mal abgelegt. Die Arme wurde kreidebleich und stürzte bewusstlos auf den Boden. Die Diener des Grafen bewaffneten sich. Der Hund führte sie zu einer entlegenen Lichtung im Wald, wo der leblose Körper seines Herrchens lag. Das ganze Geld, alle Waffen und auch alle wertvollen Kleidungsstücke des Grafen waren verschwunden. Da wussten die Diener, dass ihr Herr von Räubern überfallen und erschlagen worden war. Im Kampf war sein Finger abgeschlagen worden.

Als die junge Witwe aus ihrer Bewusstlosigkeit erwachte, waren ihre langen, rotbraunen Haare schneeweiß geworden. Sie legte ihren Schmuck ab und trug fortan schwarze Kleider. An einem grauen Novembertag ließ sie ihren Ehemann mit einer prachtvollen Trauerfeier beerdigen. Nachdem alle Trauergäste gegangen waren, rief sie ihre gesamte Dienerschaft zusammen, zahlte sie großzügig aus und befahl ihnen, das Schloss unverzüglich zu verlassen. Am Abend war das einst so lebendige Schloss leer. Als die ersten Nebelbänke über den umliegenden Wiesen schwebten, trat die traurige Hausherrin aus dem Tor und drehte sich um. Sie hob den

Ehering in die Höhe und rief dem verwaisten Schloss zu:
»Einst warst du für mich der schönste Platz auf Erden. Doch
nun kann ich dich nicht mehr länger sehen. Verflucht seist
du, altes Gemäuer. Verschwinde sofort aus meinen Augen!«
Aus dem Inneren der Erde war ein unglaubliches Krachen zu
hören. Tatsächlich öffnete sich im Boden ein riesiger, unendlich tiefer Riss, und mit einem ohrenbetäubenden Getöse
stürzte das prunkvolle Aubinger Schloss in den dunklen
Abgrund. Dann schloss sich die Erde darüber wieder, und es
schien, als ob hier niemals ein Gebäude gestanden hätte.

  Die Gräfin drehte sich abermals um und schrie in den
dunklen Wald: »Ihr Bäume habt die Räuber versteckt und
mir den Gatten genommen. So seid auch ihr für alle Zeiten
verflucht!« Da tat sich der Boden wieder auf und verschlang
den Wald und alles, was sich in ihm befunden hatte. Zurück
blieb ein unheimliches und undurchdringliches Moor. Nachdem all dies geschehen war, legte sich die Gräfin den Ring
ihres geliebten Mannes an einer Kette um den Hals und wan-
derte fort. Niemals mehr wurde sie hier gesehen. Doch die
Moorbauern erzählten noch viele Jahrzehnte lang, dass sie
im Aubinger Moor beim Torfstechen auf Stümpfe abgestorbe-
ner Bäume gestoßen seien. So muss das Moor früher ein
Wald gewesen sein.

Infos zum Ort der Sage

*Der Teufelsberg liegt in der Aubinger Lohe im Ortsteil München-
Lochhausen. Man erreicht das kleine Biotop schnell vom S-Bahnhof
Lochhausen. In früheren Jahren gehörte die Aubinger Lohe zum Loh-
waldgürtel im Münchner Nordwesten, bevor sie mit schnell wach-
senden Fichten aufgeforstet wurde. In jüngster Zeit wird hier die Ent-
wicklung zu einem gesunden Mischwald gefördert.*

Sagen von der Münchner Frauenkirche

Angeblich wurde die Münchner Frauenkirche mit teuflischer Hilfe erbaut. Die Turmdächer, die »welschen Hauben«, wurden erst ein halbes Jahrhundert später auf die beiden Türme gesetzt. Kurfürst Max III. Joseph nannte sie scherzhaft »meine lieben zwei Spargel«.

Einst stand an der Stelle des heutigen Liebfrau-endomes ein Kirchlein »Zu Ehren Unserer Lieben Frau«. Es war nach der Wieskapelle bei St. Peter das älteste Gotteshaus Münchens. Im Laufe der Zeit wurde es für die ständig wachsende Gemeinde zu klein. Man erweiterte es im 13. Jahrhundert, doch noch immer war es bei den Messfeiern sehr eng. Als die Gläubigen wieder einmal dicht gedrängt den Worten der Predigt folgten, schrie plötzlich jemand mit lauter Stimme: »Feuer, Feuer! Ein Feuer ist ausgebrochen. Rette sich, wer kann!« In Panik stürzten die Leute gleichzeitig auf den Ausgang zu. Ohne Rücksicht stießen die Starken die Schwächeren und sogar die Kinder beiseite und zwängten sich durch die Tür ins Freie. Dort stellte sich zwar heraus, dass die Feuerwarnung ein blinder Alarm gewesen war, doch durch die Massenpanik war ein schreckliches Unglück geschehen: Das schönste Mädchen Münchens, eine fromme Bürgerstochter, war in dem Gedränge qualvoll zu Tode gedrückt worden.

Es herrschte eine große Trauer in der Stadt, und viele der Kirchgänger hatten ein sehr schlechtes Gewissen. So wurde der Ruf nach einer größeren Kirche immer lauter. Herzog Sigismund, der von dem verhängnisvollen Geschehen erfahren hatte, entschloss sich daraufhin, den Münchnern ein neues, großes Gotteshaus zu stiften. Der Tod des schönen Mädchens ging ihm nämlich auch aus folgendem Grunde sehr ans Herz:

21

In seiner Jugend liebte der Herzog eine reizende Bürgerstochter und wollte sie zu seiner Gemahlin machen. Doch das Mädchen lehnte die Ehre, eine Adelige zu werden, ab und heiratete einen jungen Mann ihres Standes. Sie hatte nämlich das traurige Schicksal der Agnes Bernauer, die den Herzog Albrecht geehelicht hatte und später auf Befehl ihres Schwiegervaters in der Donau ertränkt wurde, noch zu deutlich vor Augen. Der junge Herzog Sigismund war niemals darüber hinweggekommen, dass die schöne Bürgerstochter ihn nicht heiraten wollte, und blieb sein ganzes Leben lang unvermählt. Und so stiftete er die Frauenkirche der Sage nach aus Trauer um die verstorbene Bürgerstochter und in Erinnerung an seine große Liebe.

In Wirklichkeit wurde der Dom von der Münchner Bürgerschaft und der Geistlichkeit finanziert, wenn auch kräftig unterstützt vom herzoglichen Haus. Denn Sigismund wäre wegen seiner permanenten Geldnöte niemals imstande gewesen, das prachtvolle Gotteshaus allein zu bezahlen.

Nun war zwar endlich genügend Geld für Baumaterial und Bauarbeiter zusammengekommen, doch der Baumeister war vollkommen verzweifelt. Er wusste einfach nicht, wie er so ein riesiges Bauwerk hinbekommen sollte. Da schloss er in einer dunklen Nacht einen Pakt mit dem Teufel höchstpersönlich. Der Höllenfürst verpflichtete sich in dem unheiligen Handel, beim Bau der Kirche behilflich zu sein. Der Baumeister versprach als Gegenleistung, das Gotteshaus so zu errichten, dass kein Fenster darin zu sehen sei. Als Sicherheit für den Vertrag bot der Baumeister sogar seine Seele.

»Ich kann bei unserem Pakt nur gewinnen«, dachte der Teufel vergnügt und rieb sich die Hände. »Entweder wird das Gotteshaus unnütz, denn wenn es keine Fenster hat, geht kein Mensch zum Beten hinein, oder aber die Seele des

Baumeisters ist mein, wenn er sich nicht an die Abmachung hält.« Fleißig unterstützte der Teufel den Bau. Er schuftete und mühte sich ab, damit der Dom möglichst schnell fertig würde. Als die Kirche endlich vollendet und geweiht war, bemerkte der Höllenfürst mit großem Ärger den riesigen Zulauf, den das vermeintlich dunkle Gotteshaus hatte. Schäumend vor Wut begab er sich sogleich zum Baumeister und forderte dessen Seele ein.

»Du hast dich nicht an unsere Abmachung gehalten«, schnaubte er. »Ich habe dir nur unter der Bedingung geholfen, dass du die Kirche ohne Fenster baust. Nun ist deine Seele für immer mein!« Doch der listige Baumeister entgegnete: »Freilich habe ich mich an unsere Abmachungen gehalten. Komm mit und überzeuge dich selbst!«

Er führte den Teufel zu einer Stelle unter der Orgel. Weiter hinein konnte der Höllische nicht, weil die Kirche schon geweiht war. Dort forderte er den Satan auf: »Nun schau doch, ob du irgendwo ein einziges Fenster erblickst!«

Doch so sehr der betrogene Teufel auch seinen dürren Hals reckte und Ausschau hielt, er konnte einfach keins erblicken. Denn wenn man von dieser Stelle aus in die Kirche hineinschaut, sind alle Fenster mit Säulen verdeckt und auch jenes am Ende des Kirchenschiffes war damals hinter den Aufbauten des Hochaltars, die weit hinaufragten, völlig versteckt. Da stampfte der überlistete Höllenfürst vor Wut so fest auf den Boden, dass sich der Tritt in den Stein eindrückte, und fuhr in die Hölle zurück.

Rechts neben dem Hauptportal der Münchner Frauenkirche ist eine uralte Steintafel eingemauert, auf der ein Relief den Heiland am Ölberg darstellt. Von ihr handelt eine weitere Sage: Um das Jahr 1390 wohnte im engen Thiereckgässchen

23

eine zwar arme, aber fromme Witwe mit ihrem einzigen
Buben. Sie hatte den Knaben sehr lieb und zog ihn zu einem
ordentlichen Menschen heran. Als der Bub groß geworden
war, begab er sich jedoch in eine schlimme, gottlose Gesell-
schaft, die ihn zu einem bösen Menschen verdarb. Bald
behandelte er auch seine arme Mutter roh und aggressiv.
Eines Tages verlangte der Bursche sein väterliches Erbe heraus und herrschte seine arme Mutter an: »Gib mein Geld
her, damit ich's mit meinen Freunden versaufen kann!« Als
die Mutter ihn wohlmeinend ermahnte, begann er wüst zu
fluchen und erhob sogar seine Hand gegen die alte Frau. Da
wurde plötzlich sein rechter Arm steif, und es dauerte einige
Tage, bis er ihn wieder bewegen konnte. Wegen dieser göttli-
chen Strafe erschrak der böse Geselle sehr und nahm sich
vor, nunmehr sein Leben zu bessern. Doch bald schon wurde der Sohn noch schlimmer als zuvor. Auf sein wiederholtes
Verlangen gab ihm die Mutter endlich das kleine Erbteil heraus. Kaum hatte der ungeratene Sohn das Geld in den Händen, schrie er der Mutter ins Gesicht: »Lustig gelebt – selig
gestorben!« Und so zog er in die Welt hinaus.

Unzählige Tränen weinte die Mutter ihrem verlorenen Soh-
ne nach. Eines Tages ging sie zu einem Steinmetz und beauftragte ihn, eine Tafel aus gutem, wetterfesten Stein zu mei-
ßeln, die Christus auf dem Ölberg darstellte. Sie dachte
dabei an ihren eigenen Leidenskelch. Als der Stein fertig war,
bat sie darum, dieses Stationsbild bei der Tür der alten, kleinen Marienkirche anzubringen, die sich vor langer Zeit an
der Stelle des heutigen Frauendomes befand. Dies wurde der
Witwe gerne gewährt, und so kam die Frau fortan sehr oft
zu diesem Bild, um für ihren Sohn zu beten.

Nachdem der Sohn sein ganzes Geld verjubelt hatte, wurde
aus ihm ein verwegener Straßenräuber. Eines Tages fiel er in

die Hände des Gerichts und wurde in den Kerker geworfen. Dort endlich fing er an, sein schlechtes Leben aufrichtig zu bereuen. Und plötzlich war er von dem einzigen Wunsch beseelt, seine alte Mutter noch einmal wiederzusehen. Doch die Jahre der Gefangenschaft zogen sich sehr lange hin.

Als der Büßer endlich wieder die ersehnte Freiheit erhielt, kehrte er sogleich nach München zurück. Doch im Haus seiner Mutter in der Thiereckgasse empfingen ihn fremde Leute, sodass er seiner Reue keinen Ausdruck verleihen konnte. Man sagte ihm, dass seine Mutter längst gestorben sei und im Marienkirchhof unter dem Ölbergbild aus Stein liege. Sogleich eilte der zurückgekehrte Sohn zum Friedhof, sank vor ihrem Grab auf die Knie und wollte auch nicht mehr leben. Der Verzweifelte rief: »Mutter, lass mich zu dir und gib mir ein Zeichen, damit ich weiß, wie lange ich noch lebe.« Da schlug die Glocke des alten Marienkirchleins siebenmal.

Und nach genau sieben Tagen starb der Sohn und kam zu seiner Mutter ins Grab. Später wurde das Marienkirchlein abgerissen und die steinerne Stationstafel entfernt. Als die Frauenkirche erbaut war, wurde das Bild jedoch am Hauptportal wieder angebracht.

Infos zum Ort der Sage

Die Frauenkirche steht im Herzen von München etwas nördlich der Fußgängerzone. Der Dom ist täglich von 7 Uhr bis 19 Uhr, donnerstags bis 20.30 Uhr und freitags bis 18 Uhr geöffnet. Der Tritt des Satans ist noch heute unter der Orgel der Frauenkirche zu finden. Von dieser Stelle aus ist wirklich in der ganzen Kirche kein Fenster zu sehen – bis auf das hinter dem Hochaltar.

Der Ring
des Hofrats

Immer wieder handeln alte Geschichten davon, wie Mädchen aus dem einfachen Volke in herrschaftlichen Häusern aufgenommen werden. Die Eltern verknüpften eine solche Einladung meistens mit der Hoffnung auf eine bessere Ausbildung ihrer Töchter. Doch so manches Mal konnte ein solcher Aufenthalt für den jungen Gast durchaus gefährlich werden.

*I*n früheren Zeiten wohnte der kurfürstliche Hofrat von Lander mit seiner Familie im zweiten Stock des Franziskaner-Bäckerhauses in München, vis-à-vis zum Toerring-Palais. Die Nichte des Hofrats, die auch bei ihm lebte, wurde in der Klosterschule St. Jakob am Anger erzogen, und nach den morgendlichen Unterrichtsstunden durfte sie sich im Klostergarten mit den anderen Kindern die studienfreie Zeit vertreiben.

So lernte die Nichte die Tochter des Klostergärtners kennen. Von Anfang an hatte das Mädchen aus dem kurfürstlichen Hause das sanfte und offenherzige Mädchen so lieb, dass sie sich noch am gleichen Tage mit einem großen Wunsch an den Hofrat von Lander wandte: »Bitte, bitte lieber Onkel, lass doch die Tochter des Klostergärtners bei uns wohnen, damit ich so oft, wie es nur geht, mit ihr spielen kann. Ihr Vater wird bestimmt nichts dagegen haben.« Und damit hatte das kluge Mädchen natürlich recht. Denn für die einfache Gärtnerfamilie kam die Einladung in ein so vornehmes Haus einem Ritterschlage gleich.

Der Hofrat, der seiner geliebten Nichte ohnehin keine Bitten abschlagen konnte, stellte sich dem Wunsch nicht entgegen, und so kam es, dass die einfache Gärtnerstochter schon bald in das herrschaftliche Haus einzog. Die beiden Mädchen verstanden sich nach wie vor prächtig, und auch der Hofrat empfand den Aufenthalt des jungen Gastes als sehr angenehm. Das Leben war somit von diesem Tage an für jeden am kurfürstlichen Hof von größter Harmonie und Freude geprägt.

Aber eines Tages – nach der morgendlichen Ankleide – rannte der Hofrat mit hochrotem Kopf von einem Zimmer zum anderen und stellte buchstäblich die ganze Wohnung auf den Kopf. Er rief alle Familienmitglieder – auch die Gärtnerstochter – zusammen und hielt eine ordentliche Standpauke. »Jetzt reicht es mir«, rief er erbost. »Schon seit Wochen vermisse ich zwei kostbare Silberringe. Und jetzt ist auch noch mein wertvollstes Stück, der Brillantring, weg. So ein Schmuckstück läuft ja nicht von selber auf und davon. Wer von euch hat den Ring stibitzt?« Die Nichte und die Gärtnerstochter versicherten ihm mit großem Nachdruck, dass sie den Ring weder gesehen noch berührt hätten. Der freche Sohn des Hofrates aber meinte mit einem breiten Grinsen: »Papa, an deiner Stelle würde ich einmal im Nachtkästchen der schönen und doch so ehrlichen Gärtnerstochter nachschauen.«

Sofort eilte der Hofrat in das besagte Zimmer, zog die Nachttischschublade auf und fand dort zwar nicht den Brillantring, dafür aber die kleine Schatulle, in der er den Ring aufbewahrte, wenn er ihn nicht trug. Da wurde die Gärtnerstochter auf der Stelle kreidebleich. Wieder und wieder versicherte sie dem Hofrat, dass sie ganz und gar unschuldig sei. Doch alles Beteuern half nichts. Der Hofrat ließ sogleich zwei Gerichtsdiener holen, und noch in derselben Stunde wurde das Mädchen ins Gefängnis gebracht.

Die Nichte war zutiefst erschüttert über die offensichtliche Niedertracht ihrer Freundin. Der hinterlistige Sohn des Hofrats aber lachte sich ins Fäustchen. Er hatte nämlich schon

Bald nach seiner Hinrichtung wurde der Bayrische Hiasl zum Hel-
den und Sozialrebellen erklärt. Da er die Beute seiner Raubzüge
mit armen Bauern teilte, gilt der umstrittene Räuberhauptmann
auch als »Deutscher Robin Hood«. Doch anscheinend hat der Hiasl
einen Teil seiner Beute für sich behalten, denn der Sage nach ist bis
heute ein Schatz des Wilderers im Schöngeisinger Forst vergraben.

Am 3. September 1736 erblickte Mattheus
Klostermayr, der »Bayrische Hiasl«, in Kissing das Licht der Welt. Der Knabe wuchs
bei seinem Taufpaten Michael Ableitner auf. Er hütete im
Sommer sein Vieh, half im Winter am Spinnrad und reparier-
te mit großem Geschick die kaputten Gerätschaften. Dem
Jäger Wörsching diente er als wissbegieriger Jagdgehilfe. Als
er älter wurde, genoss Mattheus im Schloss Mergenthau eine
sehr gute Ausbildung. Doch schon bald wurde er von der
Schule verwiesen, weil er den ehrwürdigen Pater Venantius
an Fasching einen »Katzenschützen« nannte, hatte dieser
doch im Jagdeifer anstelle eines Hasen eine Katze erlegt. Hiasl
fand Arbeit als Oberknecht beim Bauern Baumiller und begann zu wildern, was der Bauer natürlich gar nicht gern sah.
Noch weniger gefiel ihm, dass der Hiasl auf seine Tochter
Monika ein Auge geworfen hatte und die beiden ein Liebes-
paar wurden. Die anderen Bauern der Umgebung verehrten
den Hiasl hingegen gerade wegen seiner Wilderei, da er das
von den hohen Herren eingesetzte, sich rasch vermehrende
Wild abschoss und somit ihre Ernte rettete. Darüber hinaus
verteilte er seine Beute großzügig an arme Bauernfamilien.
  Wegen seiner Wilddiebereien wurde Hiasl von der Obrig-
keit verfolgt und fühlte sich nicht mehr sicher. Durch einen
kühnen Sprung in den Hochwasser führenden Lech floh der

Wagemutige ins schwäbische Oberottmarshausen. Dort schloss er sich einer üblen Verbrecherhorde an, die er bald aber wieder verließ. Denn Hiasl wollte Anführer einer »gerechten Räuberbande« sein. Zu dieser Zeit wurde Hiasl erstmals gefasst und musste ein Jahr im Zuchthaus zu München verbüßen. Während der Haftzeit gebar ihm Monika seinen Sohn Korbinian. Der Kurfürst von München bot Hiasl nach der Entlassung eine Anstellung als Jäger an. Doch auf Drängen seiner Kumpane blieb er bei seiner Wildererbande.

Zur Verfolgung des Hiasl und seines Haufens schlossen die kleinen Territorien Staatsverträge ab. Das Ulmer Patent vom 22. Juni 1769 lautete: »Wo ein Wilderer aufgefangen wird, ist derselbe ohne weitere Formalität eines Prozesses aufzuhängen.« Als sein Kamerad Sternputz eines Tages ein besonders schönes Stück Wild zum vereinbarten Treffpunkt brachte, erschoss ihn ein Jäger. Hiasl eilte hinzu und versprach seinem Kameraden ins tote Angesicht, ihn zu rächen. Dieses Ereignis war der Wendepunkt im Leben des Wildschützen. Fortan beschränkte er seine Raubzüge nicht mehr nur auf den Wald, sondern überfiel Amtsstuben und andere öffentliche Einrichtungen. Ein Steckbrief ermächtigte jeden, Hiasl »tot oder lebendig« an die nächste Behörde zu übergeben.

Zu dieser Zeit versteckte sich Hiasl mit seinen Leuten beim Jexhof, einer Einöde mitten im Schöngeisinger Forst. Unweit vom Jexhof befindet sich die Höhle Kuchelschlag im Wald. Schon früher hatte sie Räubern zum Aufenthalt gedient, und nun fand Hiasl hier mit seinen Leuten einen idealen Standort, von dem aus er die Bauernhöfe und Landstraßen der Umgebung überfallen konnte. Als das Versteck aufflog und Hiasl sich in allerletzter Minute vor den heranrückenden Soldaten in Sicherheit bringen konnte, hinterließ er in der Eile viele Schätze. Die großen Mengen an Gold und Silber hat seitdem der Teufel höchstpersönlich als herrenloses Gut in Verwahrung genommen, denn seit dieser Zeit haben unzählige Schatzgräber vergeblich versucht, die Schätze zu heben. Angeblich sollen sie immer tiefer im Waldboden am Kuchelschlag versunken sein.

Im Januar des Jahres 1771 gelang es dem hochfürstlich-dillingischen Leutnant Schedl mit seinen Mannen, Hiasl im Wirtshaus zu Osterzell nach einem vierstündigen Feuergefecht gefangen zu nehmen. Er wurde ins Gefängnis nach Buchloe und von dort zur Richtstätte nach Dillingen an der Donau gebracht. Auf dem langen Weg dorthin erlebte er von seinen Mitmenschen Hass und Zuneigung. Befriedigung über seine Festnahme und Bewunderung für seine Taten hielten sich die Waage. Hiasl und seiner Bande wurden insgesamt 50 Straftaten im gesamten Voralpenland vorgeworfen. Vier seiner Kumpane konnten aus Dillingen fliehen. Hiasl schrieb aus dem Gefängnis an seinen Sohn: »Es lohnt sich nicht, gewalttätig zu sein, denn Gewalt erzeugt wiederum Gewalt.« An der Hinrichtung des Hiasl im Herbst 1771 an der Donaubrücke in Dillingen nahmen viele Bayern teil. Hiasls letzte Worte vor seiner Hinrichtung waren: »Dem Menschen ist es gesetzt zu sterben, und auch von denen, die mich gerichtet haben, wird in 50 Jahren gewiss keiner mehr am Leben sein!«

Infos zum Ort der Sage

Eine Wanderung in den Wäldern des Kuchelschlags sollte man unbedingt mit dem Besuch des Bauernhofmuseums Jexhof verbinden. Man erreicht dieses von der Autobahnausfahrt »Wörthsee« der Lindauer Autobahn (A96). Von hier geht es über Etterschlag und Mauern in wenigen Kilometern zum Jexhof. Das Bauernhofmuseum ist von April bis Oktober täglich außer Montag geöffnet (13.00–17.00 Uhr).

Das Königskind
in der Reismühle

Kaiser Karl der Große war der ältere Sohn von König Pippin dem Jüngeren und dessen Frau Bertrada. Sein Geburtsort ist unbekannt, sein Geburtsjahr umstritten. Die meisten Historiker sehen Prüm in der Westeifel als wahrscheinlichsten Geburtsort an, da sich Bertrada dort vorwiegend aufhielt. Eine Sage aus dem Oberland berichtet hingegen, dass der große Herrscher nördlich des Würmsees gezeugt und geboren wurde.

König Pippin wohnte eine Zeit lang auf der Burg zu Weihenstephan bei Freising. Er wollte sich mit einer Königstochter aus der Bretagne vermählen und schickte seinen Hofmeister mit einem extra für die Verlobung angefertigten Ring nach Frankreich, um die Braut abzuholen. Doch dieser Hofmeister war ein verschlagener Kerl, der vor nichts zurückschreckte, um sich zu bereichern. Er beratschlagte sich mit seinem ebenso ruchlosen Weib, und die beiden heckten einen furchtbaren Plan aus. Sie wollten die fremde Prinzessin töten und statt dieser dem König ihre eigene Tochter unterschieben. Denn ihr Kind sah der Prinzessin zum Täuschen ähnlich. Wenige Wochen später führte der böse Hofmeister die fremde Königstochter von ihres Vaters Hof in einem prächtigen Zug fort. Zum Abschied liefen der armen Prinzessin dicke Tränen über die hübschen Wangen. Fast schien es, als ahnte die Ärmste bereits, welch schreckliches Unglück sie erwartete.

Vor der Rückkehr nach Weihenstephan legte der Hofmeister einen weiten Umweg in die tiefe Wildnis zwischen dem Würmsee und dem Ammersee ein. Dort hatten sich sein Weib und seine Tochter bereits versteckt. In der Nähe des

Treffpunkts schlugen sie ihr letztes Nachtlager auf. Als die Prinzessin tief und fest schlief, nahm der Hofmeister ihr die königlichen Gewänder ab. Stattdessen legte er das Kleid seiner Tochter vor ihr Lager und befahl seinen zwei treuesten Knechten: »Wenn ich mich vom Lager entfernt habe, weckt ihr die Königstochter und befehlt ihr, das Kleid hier anzuziehen und euch zu folgen. Dann tötet ihr sie im dunklen Wald. Ich werde euch dafür über die Maßen entlohnen!«

Sobald der Hofmeister gegangen war, machten sich die beiden Knechte an die Ausführung des finsteren Werks. Sie schlichen sich in das Zelt der Prinzessin und schleppten sie in ein dichtes Gebüsch, das weit vom Lager entfernt war. Dort zog einer der Knechte sein Messer und wollte es der Unglücklichen ins Herz stoßen. Diese aber rief flehentlich: »Was habe ich euch getan, dass ihr mir ans Leben wollt? Stoßt mich nicht in die ewige Nacht des Todes, ich fürchte mich so sehr davor!« Die Handlanger des Hofmeisters waren von der Jugend und der Schönheit der Prinzessin so gerührt, dass sie sich ihrer erbarmten. Einer der beiden Knechte sprach: »Wir wollen Euch verschonen, wenn Ihr versprecht, niemals in Eure Heimat zurückzukehren. Kein einziges Wort von dem, was sich hier zugetragen hat, darf jemals über Eure Lippen kommen!"

In ihrer Todesangst versprach die Königstochter alles, was die Knechte verlangten. Dann töteten die Knechte das kleine Hündchen der Prinzessin, das ihnen gefolgt war, tauchten die Kleider des Mädchens ins Blut und brachten diese zusammen mit der Zunge des Hundes ihrem Herrn als Beweis für die vollbrachte Tat.

Voller Freude hüllte der treulose Hofmeister seine Tochter am nächsten Tag in die schönen Gewänder der Prinzessin und führte sie König Pippin als Gemahlin zu. Diesem schien die Braut zwar nicht ganz so schön zu sein, wie es das Bild versprochen hatte, doch er wollte sein Königswort nicht brechen und heiratete die falsche Braut noch in derselben Woche.

Die arme Königstochter aber irrte viele Tage durch die Wälder, bis sie endlich vollkommen ausgehungert auf einen Köhler stieß. Der gute Mann gab ihr Essen und Trinken und führte sie zum Müller in der Reismühle südlich von Gauting. Der Müller stellte die Königstochter in seine Dienste in dem Glauben, dass es sich um eine ganz normale Magd handele. Die Prinzessin sagte nicht, wer sie sei und was mit ihr geschehen war. Sie fertigte wunderschönes Kunstwerk aus Gold und Seide an, das der Müller auf ihre Bitten hin nach Augsburg trug und fränkischen Handelsleuten verkaufte.

So gingen die Jahre ein und aus und die Königstochter lebte weiter unerkannt auf der Reismühle. An einem Frühjahrstag schließlich verirrte sich König Pippin im weiten Wald, wo er zusammen mit seinem Knecht, seinem Arzt und seinem Sterndeuter auf der Jagd war. Schon brach der Abend herein. Von den Hörnern der Gefährten hatten die vier schon seit vielen Stunden keines mehr erschallen gehört. Der Knecht stieg auf eine Tanne und sah ganz in der Nähe Rauch aufsteigen. Sie ritten auf die Feuerquelle zu, fanden den Köhler und verlangten, hungrig wie sie waren, nach Essen. Doch der arme Köhler konnte ihnen nichts geben, denn er hatte selbst nur noch ein kleines Stückchen trockenes Brot. Er führte sie auf die Reismühle bei Gauting, wo sie auf das Herzlichste aufgenommen und bewirtet wurden. Der Sterndeuter trat vor die Hütte und blickte zum Himmel. Nach wenigen Minuten kam er aufgeregt wieder herein und sprach zu Pippin: »Mein Herr, Ihr sollt diese Nacht mit Eurer Frau einen Sohn zeugen, vor dem sich die Christenkönige und die

Heidenkönige verneigen werden.« Da erwiderte Pippin erstaunt: »Wie kann das sein? Es ist fast Mitternacht, und ich bin weit von Weihenstephan und meiner Gemahlin entfernt.« Der Sterndeuter ging erneut hinaus und verkündete daraufhin abermals: »Dennoch ist es so. Die Sterne geben mir eindeutige Zeichen. Ihr werdet bei der sein, die Eure Frau ist und schon immer war.«

Da stürmte Pippin auf den Müller zu und rief: »Verbirgst du hier auf der Reismühle ein Weib, dass meine rechtmäßige Frau ist?« Fast hätte der König den Müller getötet, als er gestand, es sei wohl schon seit sieben Jahren eine engelschöne Jungfrau bei ihm, die keines Menschen Auge gesehen habe. Pippin befahl, das Mädchen herbeizuholen. Und sogleich stellte er voller Verwunderung fest, dass diese Frau vielmehr dem Bildnis glich, das ihm einst aus der Bretagne zugesandt worden war. Er bestürmte die Erschrockene mit Fragen über ihre Herkunft und ihre Geschichte. Das arme Mädchen, das ja Verschwiegenheit geschworen hatte, schlug die Hände vors Gesicht und weinte bitterlich. Da bemerkte der König an ihrem Finger den Ring, den er einst durch seinen Hofmeister nach Frankreich gesandt hatte und von dem seine Frau behauptet hatte, sie hätte ihn leider verloren. In dem Moment erkannte er in der Prinzessin seine rechtmäßige Frau. Überglücklich umarmten sich die beiden, die jetzt endlich zueinander gefunden hatten. Nach einer unvergesslichen Nacht verabschiedete sich Pippin von seiner geliebten Königstochter und ritt so schnell er konnte zu seiner Burg zurück.

Am Abend erreichte er Weihenstephan nach einem langen Ritt. Dort erzwang er das Geständnis der Knechte, die sich damals seiner Verlobten erbarmt hatten. Dann ließ er seine weisesten Berater und auch den Hofmeister rufen. Er berichtete ihnen von dem furchtbaren Verrat, wobei er vortäuschte, einen anderen als den Hofmeister zu verdächtigen. Mit strengem Ton fragte er ihn schließlich: »Was gebührt einem Schuft für eine solche Missetat?« Blass und zitternd sprach dieser: »Ich will kein Urteil fällen über mich selbst.« Da verdammte ihn der geheime Rat zum Tod. Die Frau des Hofmeisters, die den schrecklichen Plan mit ausgeheckt hatte, wurde bei lebendigem Leibe eingemauert. Und ihre Tochter, die untergeschobene Königin, wurde in ein abgelegenes Turmzimmer gesperrt, in dem sie alsbald aus Gram verstarb.

Als König Pippin neun Monate später von einem langen Feldzug gegen die Sachsen zurückkehrte, eilte er sogleich auf die Reismühle am Würmsee. Der Müller trat ihm entgegen und reichte ihm einen Pfeil zum Zeichen dafür, dass ihm von der schönen Königstochter in der Mühle ein Sohn geboren worden sei.

Der Säugling war kein Geringerer als Karl der Große. Pippin führte seine Fürsten und Ritter zu seiner Frau und zeigte ihnen ihr armes Kämmerlein. Kurze Zeit später feierte er mit seiner wahren Prinzessin in Weihenstephan eine prunkvolle Hochzeit und ging mit ihr ins Frankenreich, wo sie als Königin des Landes begrüßt und ihr kräftiger Knabe getauft wurde. Dieser Sohn Pippins ging als »Carolus Magnus«, der größte Herrscher, in die Geschichte des Abendlandes ein.

Infos zum Ort der Sage

Die Reismühle liegt im Würmtal südlich von München an der Straße von Gauting nach Starnberg. Von der Reismühle aus bietet sich eine sehr schöne Wanderung an der Ostseite der Würm zum Biergarten von Leutstetten an. Auf dem Weg kommt man auch an der sagenumwobenen, aber vollkommen verfallenen Karlsburg vorbei. Aber zu Zeiten der Karolinger bestand diese Burg noch gar nicht.

Die Geister
bei der Roseninsel

Die Roseninsel im Starnberger See ist als geheimes Liebesnest von König Ludwig II. und Kaiserin Sissi in die bayerische Geschichte eingegangen. Doch bereits vor diesen prominenten Turteltäubchen war das Westufer des Starnberger Sees Schauplatz eines spektakulären Liebesdramas, wie eine Sage erzählt …

Einst planten zwei Ritter, die eine sehr feste Freundschaft verband, eine prunkvolle Doppelhochzeit. Parzival von Buchberg wollte die wunderschöne Margaret von Siegenheim, die Schwester des Ritters Hartlieb, zur Frau nehmen. Seine Schwester wiederum freute sich schon sehr darauf, die Frau seines Freundes Hartlieb von Siegenheim zu werden.

Alles andere als begeistert von diesen Hochzeitsplänen war der hinterlistige Ritter Wolf Esper von Stain. Ihm war die Freundschaft der beiden schon lange ein Dorn im Auge, und darüber hinaus hatte er es selbst auf die liebliche Margaret abgesehen und wollte auf keinen Fall, dass sie einen anderen als ihn heiratete. Daher beschloss der liederliche Kerl, seine Angebetete noch vor der Doppelhochzeit zu entführen. Ergebene Informanten hatten ihm zugetragen, um welche Uhrzeit der Hochzeitszug die Uferstraße zwischen Starnberg und Tutzing ungefähr befahren werde. Und so legte er sich zur Dämmerung mit einer halben Hundertschaft ruchloser Söldner auf die Lauer.

Bald schon berichtete ein gedungener Späher: »Starnberg hat der Tross bereits passiert. Und das Allerbeste ist: Ritter Parzival und seine Braut reiten den anderen in einem großen Abstand voraus. Es wird ein Leichtes sein, die zwei zu überwältigen. Trotzdem ist Vorsicht geboten! Denn auch Herzog Christof soll mit einer Jagdgesellschaft in diesen

Wäldern unterwegs sein.« Da lachte der böse Ritter von Stain: »Pah! Soll sich der Herzog nur einmischen. Mit dem werde ich auch noch fertig!«

Kurze Zeit später waren auch schon die Huftritte des reitenden Brautpaares zu hören. Parzifal und Margaret ritten schnell, denn sie wollten noch vor dem endgültigen Einbruch der Dunkelheit das Schloss Possenhofen erreichen, um dort zu nächtigen. Doch genau in dem Moment, in dem die Pferde den Hinterhalt passierten, stürzte Wolf Esper von Stain mit seinen Mannen aus dem Dickicht und fegte den überrumpelten Parzifal mit einem einzigen Lanzenstoß vom Pferd. Bewusstlos blieb der arme Bräutigam auf dem Erdboden liegen.

Als seine Gefolgschaft die besagte Stelle an der Uferstraße erreichte, entbrannte ein ungleicher Kampf zwischen Parzifals Männern und den übermächtigen Strauchdieben. Inmitten des Getümmels riss Wolf Esper von Stain Margaret mit sich und schleppte sie unbemerkt zum Ufer des Starnberger Sees. Dort wartete sein treuester Knecht mit einem bereitgelegten Boot. Als der Kampf entschieden war – alle Gefährten Parzifals lagen tot oder schwer verwundet neben ihrem Herrn –, war das Boot mit der Entführten schon ein gutes Stück vom Ufer entfernt.

Plötzlich stürmte wie aus dem Nichts Herzog Christof von Bayern heran. Der Adelige mit dem Beinamen »der Starke« hatte den Kampfeslärm von weitem gehört und war mit seinem Gefolge zur Seestraße gesprengt. Genau so schnell, wie der Hochzeitszug überwältigt worden war, schlug der Herzog die Mannen von Wolf Esper von Stain in die Flucht.

Noch beim letzten Schwerthieb hörte der Herzog vom See her flehende Hilferufe und eilte mit seinem Ross dorthin. Am Ufer angelangt, rief Wolf Esper von Stain hämisch zu

ihm herüber: »Rette Margaret doch, wenn du es vermagst!«
Und mit kräftigen Ruderschlägen trieben er und sein Knecht
das Boot in Richtung Roseninsel hinaus.

Ohne zu zögern, ritt der mutige Herzog so schnell wie
möglich nach Possenhofen. Dort lieh er sich von einem
Fischer ein schnelles Boot. Tatsächlich gelang es dem starken
Mann bald, den fliehenden Raubritter einzuholen. Als er in
Wurfweite war, hob er seine Lanze und brüllte: »Halt, du
ehrloser Schurke! Gib sofort Margaret von Siegenheim heraus oder du bist ein toter Mann!« Sogleich tönte es vom
anderen Boot herüber: »Du herzogliches Großmaul! Lass auf
der Stelle deine Lanze fallen. Andernfalls werfe ich Margaret
den Fischen zum Fraß vor!«

Noch während er schrie, warf Wolf Esper von Stain seinen
Speer. Zum Glück verfehlte er den Herzog, der Speer blieb
in der Bootswand stecken. Keine Sekunde später sauste die
Lanze des Herzogs zischend durch die Luft und durchbohr-
te den Knecht des Raubritters. Herzog Christof schrie abermals: »Ich sage es dir zum letzten Mal: Gib die Braut heraus
oder deine letzte Stunde hat geschlagen!« – »Nie im Leben«,
antwortete Wolf Esper von Stain und wollte die arme Margaret fassen. Da riss Christof der Starke Wolfs Lanze aus
dem Boot und traf den Missetäter mit seiner eigenen Waffe
mitten in die Brust. Schon hatte Christof das Boot mit Margaret erreicht, als sich der sterbende Raubritter ein letztes
Mal aufbäumte, um die Entführte mit sich in die Fluten zu
reißen. Doch Herzog Christof packte den tödlich Getroffe-
nen gerade noch rechtzeitig und warf ihn mit seiner schweren Rüstung in den See.

Der Retter nahm die weinende Margaret in seine kräftigen
Arme und führte sie zu ihrem Bräutigam zurück, der inzwi-
schen wieder zu Bewusstsein gekommen war. Und so konnte

45

die Doppelhochzeit einige Tage später mit einem großen Fest gefeiert werden. Selbstverständlich durfte Herzog Christof von Bayern als Ehrengast zwischen den beiden schönen Bräuten sitzen.

Im alten Friedhof von Starnberg liegen die tapferen Gefolgsleute begraben, die bei dem Kampf ihr Leben lassen mussten. Nur die Leichen von Wolf Esper von Stain und seinem Knecht wurden niemals gefunden.

Doch die Starnberger Seefischer wissen von geheimnisvollen Geschehnissen zu berichten: Sie behaupten, dass an manchen Tagen in der Dämmerung nahe der Roseninsel zwei schemenhafte Gestalten über dem See schweben und winken. Man sagt, es wären die Seelen des Raubritters und seines Knechts, die auf dem Grund des Sees keine Ruhe finden. Niemand hat sich bisher in die Nähe der Geister gewagt.

Außerdem soll es an manchen Abenden in der Nähe der Insel im Wasser golden funkeln. Das geheimnisvolle Glitzern ist, so sind sich die alten Fischer gewiss, die Rüstung des Bösewichts Wolf Esper von Stain!

Infos zum Ort der Sage

Wer mit öffentlichen Verkehrsmitteln zur Roseninsel anreist, fährt mit der S6 bis zum Bahnhof Feldafing. Von dort geht es in einer knappen halben Stunde zum Park, wo sich der Kampf zugetragen haben soll, und weiter bis zum Bootssteg. Mit dem Auto fährt man über die Garmischer Autobahn nach Starnberg und weiter entlang der Uferstraße bis nach Feldafing und parkt am Feldafinger Bad. Die Überfahrt zur Roseninsel erfolgt vom 1. Mai bis 15. Oktober, wenn mindestens zwei Personen mitfahren. Mo. bis Sa. 11 bis 18 Uhr, So. 10 bis 18 Uhr. Im alten Gärtnerhaus auf der Insel gibt es eine kleine Ausstellung über die Geschichte der Insel.

Das Pestmännlein
von Rottenbuch

*Wie überall in Mitteleuropa wütete die Pest im 14. Jahrhundert
auch im bayerischen Oberland. Vor allem zwischen 1349 und 1353
wurde die Gegend rund um Rottenbuch von Pestwellen heimgesucht.
Angeblich trieben sich vor den Ausbrüchen geheimnisvolle Gestalten
in der Gegend herum, wie eine Sage zu berichten weiß …*

Im Mittelalter hatte das Stift Rottenbuch einen
äußerst ungnädigen Landvogt, der sein Amt fast
täglich missbrauchte. Er forderte von den Bau-
ern unsäglich hohe Abgaben, fällte als Richter falsche, strenge
Urteile und lebte selbst in Saus und Braus. Nach einem seiner
mehrmals wöchentlich stattfindenden ausgiebigen Trink- und
Fressgelagen lag er betäubt in seinem Bett. Draußen in der
Dunkelheit tobte ein schwerer Sturm. Der Wind rüttelte an
den Fensterläden, und als der Kirchturm die zwölfte Stunde
ankündigte, flog das Fenster neben seinem Bett mit einem
lauten Schlag auf. Ein knochiger, in Lumpen gehüllter Mann
trat in die Kammer des Landvogts. In der ganzen Gegend war
er als sogenannter »Filzdrake« bekannt, weil er einsam wie
ein Drache mit Frau und Kind in den Mooren südlich von
Rottenbuch hauste. Als der Vogt den wilden Gesellen erkannte, erschrak er zutiefst, denn er hatte dem armen Mann erst
vor kurzem die letzte Kuh enteignet. In seiner Angst fuhr der
Landvogt den unerwünschten Eindringling an: »Was fällt dir
ein, in mein Zimmer zu kommen? Wenn du nicht sofort ver-
schwindest, lass ich dir 50 Rutenhiebe geben!« Doch der Filzdrake ließ sich nicht beeindrucken und hielt dem Vogt mit
einer Feuerzange einen alten, verbeulten Hut unter die Nase.
»Was fällt dir ein? Was bringst du mir diesen Hut mit der
Zange?«, schrie der wutentbrannte Vogt. Er riss den alten Hut
an sich, zerdrückte ihn mit seinen fleischigen Händen und

warf ihn auf den Boden. Der Moormensch grinste hämisch über sein fahles Gesicht, und seine Augen begannen zu funkeln, als er sprach: »Ich wollt Euer Gnaden nur berichten, was es mit diesem Hut auf sich hat. Heute Morgen hütete mein kleiner Bub unsere zwei letzten Geißen. Er trieb sie in Richtung Wildsteig und setzte sich von Hunger gequält unter einen Baum. Da kam plötzlich ein sonderbares Männchen aus dem Wald heraus. Es war fast nackt und hatte eine ganz gelbe Haut. Unter seinem verbeulten Hut schauten verfilzte Haarbüschel heraus. Mein Bub bekam es mit der Angst zu tun und wollte weglaufen, doch das sonderbare Männlein erwischte ihn am Kittel. Zum Glück konnte sich mein Sohn fortreißen, er lief so schnell er konnte zu uns nach Hause. Das unheimliche Männchen verfolgte ihn aber und rief: ›Wehe, wehe und abermals wehe!‹ Als ich aus meiner Hütte trat, um nach dem Rechten zu sehen, war der Kerl wie vom Erdboden verschluckt. In unserer armseligen Kammer erzählte mir meine Frau von einer ähnlichen Begebenheit: Vor langer Zeit, als die Pest in unserem Land wütete, erschien ein ähnliches nacktes Weiblein auf einer Schafweide und schenkte einem kleinen Hirtenmädchen ein Paar Strümpfe. Kurz darauf starb die Unglückliche und mit ihr Tausende Menschen. Ich hielt es für meine Pflicht, Euch, dem Landvogt, davon zu berichten. Ich allerdings habe den Hut vorsichtshalber nicht mit der Hand, sondern mit einer Zange angefasst!«

Der Vogt, der die alte Geschichte kannte, fühlte sich augenblicklich sterbenskrank. Der Drake aber lachte höhnisch. Der Vogt rief nach seinen Dienern, damit sie den Todesboten unverzüglich in Ketten legten. Der aber stürzte mit erstaunlicher Wendigkeit zum Fenster hinaus und verschwand so schnell in der pechschwarzen Nacht, wie er gekommen war. Aus der Dunkelheit war nur noch der schadensfrohe Ruf zu

hören: »Ich wünsche Euch, wohl zu sterben, werter Landvogt!« Dem Landvogt ging es von Stunde zu Stunde schlech-
ter. Er bekam furchtbare Atemnot und einen brennenden
Husten. Die Lippen färbten sich blau, und schon in der
darauffolgenden Nacht verstarb er unter elenden Qualen.

Sein Tod versetzte ganz Rottenbuch in größte Panik. Die
Bewohner fürchteten, dass die Pest nun wieder ausbreche.
Deshalb verscharrte man den bösen Vogt schnell auf dem
alten, entlegenen Pestfriedhof – ohne heilige Messe und ohne
ein einziges Gebet. Das Pestmännlein aber wurde in den
nächsten Wochen von immer mehr Bauern, Hirten und Wald-
arbeitern gesehen. Einem zitternden Hirtenjungen rannte es
bis auf den Hohen Peißenberg nach und einen Bauern trieb
es von dessen Weide bis hinunter zum Lech. In ihrer Not
wurden die Menschen fromm und gnädig. Die Bauern schin-
deten ihre Knechte nicht mehr und teilten all ihre Erträge mit
den Armen. Alle Oberländler beteten zu Gott, dass er sie von
der schrecklichen Seuche verschonen solle. Und in der Tat
waren rund um Rottenbuch keine weiteren Pestopfer zu
beklagen. Nur den hartherzigen Landvogt hatte seine gerechte
Strafe ereilt. Angeblich treibt der Geist des Landvogts bis heute in den steinernen Stuben in der Amperleite sein Unwesen.

Infos zum Ort der Sage

Rottenbuch erreicht man von München aus auf der A95 bis Starn-
berg und weiter über die B2 nach Weilheim. Von hier aus geht es
über Peißenberg und Böbing nach Rottenbuch. Der beschilderte Pest-
friedhof liegt unweit einer Kreuzung an der Straße von Rottenbuch
nach Ilgen. Tipp: Von dort aus kann man auch eine sehr schöne
Rundwanderung zur Schönegger Käse-Alm unternehmen (Wegnum-
mer W2, Wegweiser Filzbauernweg, bzw. Schönegger Käse-Alm)

Wetterhex´ und Schachengeist

Die im Hochgebirge plötzlich auftretenden Wetterstürze schob man einst den Wetterhexen in die Schuhe. Der ersten Sage zufolge ist eine besonders hinterhältige Hexe daran schuld, dass die Partnach kurz vor der Klamm ihre Wasserfarbe wechselt. Eine weitere Wettersteinsage berichtet, dass es den Bergbewohnern auch an den herrlichsten Plätzen des Gebirges nicht ganz geheuer war …

Bei allerschönstem Sonnenschein brach Hias zu einer Wanderung ins Reintal auf. Frohen Mutes stieg der Junge entlang den tosenden Fluten der Partnachklamm flussaufwärts. Doch als er den Ausgang der dunklen Klamm erreicht hatte, war von der strahlenden Sonne nichts mehr zu sehen. Der Himmel war mit pechschwarzen Wolken verhüllt, und schon zuckten die ersten Blitze über Gipfel und Grate. Der laute Donner hallte von den steilen Felswänden, und heftige Regengüsse setzten ein. Hias suchte Schutz unter einem überhängenden Felsen am Rande der Partnach. Da schlug ein greller Blitz direkt oberhalb des Jungen ein, und der arme Kerl stürzte vor Schreck in die brodelnden Fluten. Noch während des Sturzes meinte er, ein höhnisches Lachen zu vernehmen. Hias schwamm um sein junges Leben, wohl wissend, dass es keinen Pfifferling mehr wert war. Denn früher oder später würden ihn die tosenden Fluten, wenn nicht an einem Felsblock, dann an einer der Klammwände zerschellen.

Als eine Wasserwalze ihn gerade wieder in die Tiefe ziehen wollte, fühlte Hias plötzlich, wie eine kräftige Hand ihn aus dem Wasser zog. Der Junge glaubte zu träumen und rieb sich verwundert die Augen. Sein geheimnisvoller Retter war ein uralter, wohl aber bärenstarker Mann. Der Alte musterte ihn mit zusammengekniffenen Augen und begann mit grimmiger Stimme: »Jetzt hast du aber Glück gehabt, mein Lieber! Eine Sekunde später – und dein junges Leben wäre dahin gewesen!« Er nahm den schlotternden Buben an der Hand und führte ihn zu seiner versteckt gelegenen Hütte. Die kleine Behausung war ganz und gar aus Rinden zusammengebaut. Das fürchterliche Gewitter wollte gar nicht mehr aufhören, und so polterte der Alte plötzlich los: »Zum Deifi! Dass die damisch' Wetterhex' dös nia net lass'n koa! Hob' mia gleich g'dacht, dass se wieda wos anstellt, oals i ihrer höhnisch' Lachen g'hört hab'.« Der Alte riss die Tür auf und schrie zu den Felsen hinauf: »Du damisch' Hex', du, unter steh' di noch amoal!« Da glaubte Hias oben am Wetterstein grat wirklich eine Hexengestalt zu sehen, die gerade einen grellen Blitz herabschleuderte.

Doch langsam verzog sich das Unwetter, und der Alte nahm Hias wieder an der Hand. »Des is' do' wieda g'nau die gloache Stell'«, murmelte er vor sich hin und führte den Bub genau dorthin, wo er ins Wasser gefallen war. »Ui, schau«, rief Hias erstaunt. »Da vorn ist die Partnach noch klar und kurz dahinter fließt sie grün!« – »Genau, mein Kleiner«, brummte der Alte. »Und weil i di moag, erzähl' i dia, woas es doamit auf sich hoat: Vor einigen Jahren fand ich in den hohen Felsen eine feine Farbe, die man in Italien zum Einfärben der Fürstengewänder benutzt. Sie war so rein und intensiv, dass ich gleich ein ganzes Holzfass davon voll machte, um es in Venedig zu verkaufen. Auf dem Weg zum Kaufmannszug in Garmisch musste ich über die Partnach, genau über die Stelle, an der du heute reingefallen bist. Damals befand sich dort noch ein schmaler Steg. Unterwegs braute sich ein Unwetter zusammen, und ich wusste schon damals, wer dahinter steckte. Deswegen rief ich zum Himmel: ›Geh' wieder, oide Wetterhex', lass es doch net gar so krachen. Siehst net, dass ich ein ganzes Fass voll wertvoller Farb´ aufm´ Buckl hab´?‹ Das spornte die blöde Hex´ natürlich erst recht an. Sie ließ mit ihren Regenmassen die Partnach gefährlich hoch ansteigen, und als ich genau auf dem Steg war, schleuderte sie einen Blitz runter, der mich in die Fluten stieß. Auch ich konnte mich gerade noch vor dem Beginn der Partnachklamm retten. Aber die kostbare Farbe war für immer verloren. Als ich zu der Stelle zurückkam, merkte ich, dass der Fluss von diesem Moment an ein grünes Aussehen hatte, und so wird es auch immer bleiben.«

Versonnen starrte der seltsame Kauz ins Wasser und dachte an »die gute Farb´«, die sich dort in hellen, grünen Wellen kräuselte. Dann stampfte er auf den Boden und rief: »Aber heut´ hab´ ich dich ausg´schmiert, du damische Wetterhex´. Den Bub hast du nicht ins Unglück g´stürzt!« Und zum Hias sagte er schmunzelnd: »Gell, da schaust´, was so alles los is´ im Wetterstein. Glück hast halt g´habt, weil dich der Wettersteinmann entdeckt hat. Denn g´sehn hat mich außer dir noch koaner!« Sprach´s und verschwand so plötzlich, wie er aufgetaucht war, im dichten, nassen Wald. Hias aber fiel sogleich eine alte Sage ein, in der seine Oma vom Wettersteinmann berichtet hatte. »Ja, die werden Augen machen, wenn ich daheim erzähl´, dass ich dem Wettersteinmann begegnet bin«, lachte er und machte sich vergnügt auf den Heimweg.

Aber nicht nur Wetterhexen treiben im Wettersteingebirge ihr Unwesen – auch ein Geist soll dort aktiv sein.

Hoch über der Partnachklamm, am sogenannten Schachen, liegt die wohl schönste Alm zwischen Ehrwald und Mittenwald. Hier soll es einst unheimlich zugegangen sein: An einem warmen Sommerabend saß ein Hirte namens Sepp vor seiner Hütte und spielte auf seiner Zither. Flink tanzten seine Finger über die Saiten, und wie zum Dank grüßte die gegenüberliegende Alpspitze in ihrem schönsten Abendrot zu ihm hinüber. Plötzlich hörte Sepp schwere Männerschritte. Eine unheimliche Gestalt kam direkt auf die Hütte zu. Sie war in einen schwarzen Mantel gehüllt und strahlte eine eisige Kälte aus. Ihr Gesicht ähnelte mehr einem Totenkopf als einem Menschen aus Fleisch und Blut. Trotz seiner Furcht fragte Sepp tapfer und höflich, was der Unbekannte begehre. Dieser begann mit krächzender Stimme: »Bursche, du bist meine letzte Rettung! Du musst mich erlösen! Einst beging ich eine große Schandtat, doch frage bitte nicht danach. Jetzt muss ich zur Strafe auf ewig in den kalten Bergen des Wettersteins umherirren. Unzählige Menschen habe ich auf Knien angefleht, doch noch keiner hat mich erhört!« Das erinnerte den gutmütigen Sepp an die alte Sage vom Schachengeist. Der Untote fuhr fort: »Hör zu, Bursche. Du musst mir nur um Mitternacht eine heilige Messe in der Kirche St. Antonius zu Partenkirchen lesen – und schon wäre ich erlöst! Aber du musst sehr vorsichtig sein, denn beim Abstieg ins Tal wird der Leibhaftige dir auflauern. Der Teufel wird dir heiße Flammen und giftige Dämpfe schicken. Sei aber unbeirrt und denke immer fest an Gott. Dann wird dir kein Haar gekrümmt werden und du wirst wohlbehalten in Partenkirchen ankommen.«

Der gute Sepp empfand heftiges Mitleid für den flehenden Schachengeist. Und so fasste er sich ein Herz und machte sich in der Dämmerung tatsächlich auf den gefährlichen Weg ins Tal. Es kam, wie der Geist vorhergesagt hatte: Tödliche Dämpfe drohten den Hirten zu ersticken, und beinahe wäre er, den Flammen ausweichend, in die tosende Partnach gestürzt. Immer wieder war er kurz davor, umzukehren.

Doch er klammerte sich fest an seinen Glauben. Und so kam er schließlich, wenn auch sehr langsam, wohlbehalten in Partenkirchen an.

Vollkommen erschöpft schlich Sepp in die Kirche und las um Punkt Mitternacht eine heilige Messe. In der Morgendämmerung machte er sich auf den beschwerlichen Rückweg hinauf zum Schachen. Als er seine Hütte erreichte, sehnte er sich nach einem ausgiebigen Schlaf. Bevor er sich aber auf sein Lager legte, wollte er wissen, ob seine gute Tat etwas genützt hatte. Laut rief er nach dem Schachengeist. Der ließ sich aber weder hören noch sehen. Sepp überkamen Zweifel. War der arme Geist nun erlöst oder war alles umsonst gewesen? Grübelnd öffnete Sepp die Hüttentür. Und siehe da: Eine schneeweiße Taube flatterte ihm entgegen. Es war der endlich erlöste Schachengeist. Als sich der müde Hirte aufs Bett legte, spürte er etwas Hartes unter seinem Rücken. Unter ihm lag ein Leinensäckchen – prall gefüllt mit glitzernden Goldmünzen. So wurde der Sepp für seinen Mut reichlich entlohnt und fiel rundum glücklich in einen tiefen Schlaf.

Infos zum Ort der Sage

Die Partnachklamm sowie der Schachen liegen südlich von Garmisch-Partenkirchen, von München aus über die A95 und auch gut mit dem Zug zu erreichen. Ausgangspunkt für beide Ziele ist das Olympische Skistadion. Zum Beginn der Partnachklamm braucht man etwa eine halbe Stunde und weiter auf den Schachen etwa 4 Stunden. Der Schachen hat neben einer grandiosen Aussicht und einer alten Sage noch zwei andere Highlights zu bieten. König Ludwig II. ließ sich hier ein Jagdschloss erbauen, und auch den benachbarten Botanischen Alpengarten sollte man unbedingt besichtigen. Am besten übernachtet man am Schachenhaus und liest sich die Sage in der Abenddämmerung vor. Unterkunft: www.schachenhaus.de

Der Geiger und der Wolf

Der Geiger und der Wolf

Einst wurde der Wolf vom Menschen als geschickter, ausdauernder und erfolgreicher Jäger geschätzt und verehrt. In Vornamen wie Wolfgang oder Wolfhart spiegelt sich dies bis heute wieder. Doch mit der zunehmenden Besiedlung und Weidewirtschaft kam es zum Konflikt. Der Lebensraum für den Wolf wurde kleiner, er riss Schafe und andere Nutztiere. So wurde er zum gefürchteten »Isegrim«, um den sich unzählige Sagen ranken.

In früheren Zeiten ängstigten sich die Menschen vor den Wäldern zwischen Wolfratshausen und Königsdorf, denn dort trieben sich große Wolfsrudel herum. Sie rissen nicht nur Schafe und Ziegen, sondern griffen auch unvorsichtige Wanderer an, die sich allein in das gefährliche Gebiet begeben hatten.

Eines Tages wurde in Königsdorf ein lustiges Kirchweihfest gefeiert. Die Leute aßen und tranken ausgiebig. Die Burschen und Mädchen tanzten wild im Kreis, bis ihnen die Füße wehtaten. Und die Musiker hatten zum Schluss ob der guten Getränke große Mühe, den richtigen Takt zu halten. Als das Dorffest zu Ende ging, konnte sich einer der Geiger, der von Beruf Schneider war, schon nicht mehr richtig auf den Beinen halten. »Jetzt wird es aber höchste Zeit für mich, ins Bett zu gehen«, lallte er, packte seine Geige unter den Arm und wollte sich auf den Weg machen. Da hielt ihn sein bester Freund zurück: »Schlaf lieber bei mir. Du weißt doch, wie gefährlich die Wölfe in der Nacht sind!« Denn um zu seiner kleinen Hütte zu gelangen, musste der Geiger ein gutes Stück durch den stockdunklen Wald wandern. »Danke für dein nettes Angebot, aber ich bin doch kein ängstliches Waschweib!«, lachte der übermütige Mann. Dann umarmte er seinen Freund und machte sich torkelnd auf.

Es kam, wie es kommen musste. Betrunken, wie er war, kam der Schneider bald vom richtigen Weg ab. Kreuz und quer irrte er durch das dunkle Dickicht. Schon wollte er aufgeben und sich einen Busch zum Ausruhen suchen, da stürzte er urplötzlich in ein tiefes Loch. »Glück gehabt!«, dachte sich der Schneider, als er merkte, dass er auf etwas Weiches gefallen war. Doch ein bösartiges Knurren holte ihn schnell auf den Boden der Tatsachen zurück. Er war auf einen ausgewachsenen Wolf gefallen, der ihn nun mit hasserfüllten Augen anstarrte. »Hilfe, ich bin in eine Wolfsgrube gefallen«, rief der Schneider immer wieder, so laut er konnte. Doch niemand hörte seine verzweifelten Schreie.

Der Wolf sträubte angriffslustig das Fell, zog seine Lefzen hoch und fletschte seine scharfen Zähne. Wehrlos, wie der arme Geiger war, fiel ihm nichts Besseres ein, als dem Wolf ein Liedchen zu spielen. Blitzschnell legte er sein Kinn auf die Geige und begann zu fiedeln. Und siehe da: Meister Isegrim gefiel die Musik. Der Wolf spitzte die Ohren und fing schauerlich zu jaulen an. »Solange er heult, kann er mich nicht fressen«, dachte sich der Schneider und geigte weiter, was das Zeug hielt. »Ich muss nur bis zum Morgengrauen durchhalten. Dann macht der Jäger seine Runde und befreit mich. Ich habe eh schon die halbe Nacht gegeigt, nun kann ich das auch die ganze Nacht tun«, ermutigte er sich. Er fiedelte ohne Unterlass, denn sobald er nur die kleinste Pause machte, knurrte ihn das Untier wieder bedrohlich an. Der Geiger spielte alle Lieder, die er konnte, und als sein Repertoire am Ende war, fing er einfach mit dem ersten Lied von vorne an.

In der Zwischenzeit hatten sich viele Wölfe, die dem Geheul ihres Artgenossen gefolgt waren, um die Grube herum versammelt. Wie ein jaulender Chor standen sie am Rande des dunklen Lochs, und so mancher Königsdorfer gab später zu, dass dieses Geheul nicht zu überhören gewesen sei. Plötzlich riss mit einem hellen Knall die erste Saite der Geige. »Pech gehabt, dann muss ich halt auf den anderen weiterspielen«, seufzte der Musikant. Auch als die zweite riss, ließ er sich nicht beirren. Erst als die dritte Saite der Beanspruchung nicht mehr standhielt, ahnte er: »Jetzt geht es endgültig um mein Leben! Wenn nicht bald der Tag anbricht und Hilfe kommt, bin ich verloren. Denn wenn die letzte Saite auch noch reißt, lassen meine Zuhörer mir bestimmt keine Zeit, eine neue aufzuspannen!«

Die Saite hielt tatsächlich bis in die Dämmerung. Und dann endlich ertönte ein Knall, der die Wölfe in alle Himmelsrichtungen auseinander trieb. Der Jäger von Königsdorf hatte seine Runde wegen des Geheuls früher als sonst begonnen. Als er auch das Gefiedel gehört hatte, war er so schnell er konnte zu seiner Wolfsgrube gerannt. Nun stand er am Rande der Grube, legte seine Büchse an und tötete den Wolf mit einem Schuss. Erleichtert zog er den erschöpften Geiger heraus, der ihm lachend und weinend für seine Rettung dankte. Der Schneider hängte von dieser Nacht an das Geigen an den Nagel und wandte sich seinem eigentlichen Beruf zu – sehr zum Bedauern der festfreudigen Königsdorfer Burschen und Mädchen allerdings.

Infos zum Ort der Sage

Nach der mir vorliegenden Quelle soll sich die Wolfsgrube nordwestlich von Königsdorf unweit von Haag befunden haben. Wo genau, ist aber nicht bekannt. Königsdorf lohnt sich dennoch für einen Ausflug (von München aus auf der B11 über Wolfratshausen). Vom Ortsteil Osterhofen führt ein sehr schöner Wanderweg über Berg und Schuss hinunter zur Isar.

Die Ebersberger Eber

Von Haus aus sind Wildtiere bekanntermaßen auf schießende Jäger nicht besonders gut zu sprechen. Doch es gab auch Zeiten, in denen sich die Waldbewohner an die Seite des Menschen stellten, wie folgende alte Sage zu berichten weiß …

In früheren Zeiten war die Jagd in den Wäldern kein leichtes Unterfangen. Bären, Wölfe und Wildschweine brachten die Jäger ein ums andere Mal in höchste Lebensgefahr – vor allem dann, wenn ein Waidmann allein auf die Pirsch ging.

Einst war so ein mutiger Jägersmann mutterseelenallein im dunklen Forst östlich von München unterwegs. Vorsichtig pirschte er sich an eine große Waldlichtung heran. Da erblickte er plötzlich drei Eber vor sich. Eines der Wildschweine war riesengroß, das zweite von normaler Statur und das dritte für einen Eber recht klein. Schnell versteckte sich der Jäger hinter einer großen Eiche und legte sogleich seine Büchse an. Er hatte zwar pro Schuss nur eine Kugel in der Flinte, doch er hoffte, dass die anderen zwei Wildschweine nach einem guten Treffer das Weite suchen würden, anstatt ihn anzugreifen, noch bevor er sein Gewehr neu laden konnte.

Als er wenig später abdrücken wollte, glaubte er, seinen Verstand verloren zu haben. Denn mit deutlicher Stimme rief eines der Tiere zu ihm herüber: »Töte uns nicht! Lass uns am Leben. Wir werden uns auch erkenntlich zeigen.« Verblüfft ließ der Jäger seine Waffe sinken. Und die drei Eber liefen freundlich, ergeben und zahm zu ihm hinüber. Der größte der Eber forderte den immer noch ungläubigen Waidmann auf: »Folge uns, dann werden wir dir den Weg zu deinem Glück weisen.«

Neugierig auf das, was da kommen möge, trottete der Jäger also stundenlang hinter den Wildschweinen her. Dabei kniff er sich mehr als einmal in den Arm, um sich zu beweisen, dass er am Ende die ganze Begebenheit nicht einfach nur träumte. Nach unendlich scheinender Zeit wurde der Wald lichter, sie kamen an den Waldrand. Vor ihnen lag die große Stadt München. Doch schon von Weitem war zu erkennen, dass alle Tore und Fensterläden fest verschlossen waren und alle Fahnen auf Halbmast hingen. In der ganzen Stadt war es mucksmäuschenstill. Der Jäger, der München als fröhlich-laute Stadt kannte, fragte die Eber erstaunt: »Wisst ihr, was hier vor sich geht? Warum ist kein einziger Laut aus der Stadt zu hören?« Da erzählte der kleine Eber: »Auf einem Berg vor der Stadt haust ein schrecklicher Drache mit sieben Köpfen. Das Untier fordert jeden Tag einen Menschen als Opfer. Wer aber die Stadt München von dem Drachen erlöst, der soll die Prinzessin zur Frau bekommen.«

Als der mutige Jäger dies hörte, beschloss er, den Kampf mit dem siebenköpfigen Drachen aufzunehmen. Zusammen mit den drei Ebern zog er todesmutig zu dem besagten Berg vor der Stadt. Als sie am Fuße des Berges ankamen, bemerkte der Waghalsige mit Schrecken, dass die Felswand des Berges zu steil war, um sie erklimmen zu können. Doch der große Eber sagte: »Setzt euch alle auf meinen breiten Rücken.« Sie taten, wie ihnen geheißen, das riesenhafte Wildschwein nahm Anlauf und sprang mit einem unglaublichen Satz auf den Berg hinauf.

Oben angekommen, standen die vier vor einer wehrhaften Burg mit meterdicken Mauern. Das Burgtor war fest verschlossen. Da meinte der kleinste der Eber: »Schaut nur, am unteren Rand des Tores ist eine kleine Lücke. Durch die passe ich sicher hindurch. Von innen wird es dann ein Kinder-

spiel sein, den Riegel zurückzuschieben.« Gesagt, getan.
Keine fünf Minuten später standen die vier Helden auch
schon im Schlosshof der Burganlage. Doch wie erschauderte
der Jäger, als der furchtbare Drache brüllend und Feuer spei-
end auf sie zukam. Ganz im Gegensatz zu ihm war der große
Eber jedoch keineswegs ängstlich. Auf der Stelle nahm er
den Kampf mit dem Untier auf und raste todesmutig auf das
siebenköpfige Ungetüm zu. Das hatte der Drache nicht
erwartet. Noch nie hatte er erlebt, dass einer seiner Gegner
nicht weglief. Wie angewurzelt stand das schnaubende Tier
in der Mitte des Burghofes, als der starke Keiler ihn auch
schon mit seinen spitzen Hauern in die Flanken stieß. Jetzt
kannte die Wut des Drachens kein Halten mehr! Aus vier
Köpfen gleichzeitig spie er glutheiße Flammen auf den Eber
hinab, der sich gerade noch mit einem Sprung hinter eine
Mauer in Sicherheit bringen konnte. Jetzt endlich kamen der
kleine und der mittlere Eber ihrem großem Freund zu Hilfe.
Unablässig piesackten die mutigen Keiler den Drachen mit
vielen Stichen in den Unterleib und bissen sich schließlich
an seinen dicken Beinen fest. Wie irrsinnig versuchte der
Drache, die lästigen Eber abzuschütteln. Denn mit Feuer
bespucken konnte er sie ja nicht, wollte er doch nicht seine
eigenen Füße verbrennen. In der Zwischenzeit war der große
Eber unbemerkt auf eine hohe Mauerbrüstung geklettert, die
sich genau über den Köpfen des Drachen befand. Mit einem
markerschütternden Gebrüll sprang der Keiler auf den Rücken des Drachen und riss ihm in sekundenschnelle vier seiner Köpfe vom Rumpf ab. Der mittlere Eber schlug alsdann
zwei Köpfe des Drachen ab und der kleinste nahm sich den
letzten vor. Der Jäger schließlich, der sich von seinem kurzen Schock erholt hatte, legte die Flinte an und traf den Drachen mit einem gezielten Schuss mitten ins Herz.

Nun war das Ungeheuer zur Strecke gebracht. Der Jäger dankte seinen tapferen Kampfgefährten und schnitt dann, als Beweis seiner Heldentat, aus allen Drachenköpfen die Zungen heraus. Dann ging er zusammen mit den drei Ebern aus der Burg hinaus und machte sich an den steilen Abstieg. Doch schon nach wenigen Metern rutschte der tapfere Mann auf einem glitschigen Stein aus. Auch mit seinen Händen konnte er sich nicht mehr festhalten, und so stürzte der Unglückliche mehr als zehn Meter in die Tiefe. Dort blieb er bewusstlos liegen.

Ein hinterlistiger Schafhirte hatte die ganze Szenerie beobachtet. Da er den armen Jäger für tot hielt, eilte er sogleich nach München und klopfte an die Pforte des Nymphenburger Schlosses, wo die Prinzessin mit ihren Eltern lebte. Er gab sich dort als Drachentöter aus und verlangte ohne Skrupel die Prinzessin zu seiner Frau. Der Vater der Prinzessin war so froh über die gute Nachricht, dass er schon am nächsten Tag die Hochzeit feiern lassen wollte.

Die ganze Nacht über wachten die Eber bei ihrem Freund und versuchten immer wieder, ihn durch Stupsen und gutes Zureden wach zu bekommen. Aber erst als der kleine Eber ihm mit seiner rauen Zunge das Gesicht ableckte, kam der Besinnungslose wieder zu sich. Gleich in der Morgendämmerung eilten der Jäger und die Eber nach München, wo die Spatzen bereits das Gerücht von der bevorstehenden Hochzeit von den Dächern pfiffen. Da nahm der große Eber vier Drachenzungen in sein Maul und rannte so schnell es ging ins Nymphenburger Schloss. Der König staunte nicht schlecht, als das Tier die Zungen direkt vor ihm auf den Boden legte.

Als nächster Bote überbrachte der mittlere Eber zwei Zungen. Und die Prinzessin klatschte erfreut in die Hände, als der kleine Eber auch noch die letzte Drachenzunge überreichte. Denn das hübsche Mädchen hatte weder der Geschichte des Hirten Glauben geschenkt noch die geringste Lust gehabt, den ungepflegten Mann zu heiraten.

Der König aber schickte dem kleinen Eber seinen Hofmarschall hinterher. Und bald darauf standen die vier wahren Drachentöter im Nymphenburger Schloss. Als der König erfuhr, wer die Stadt München in Wirklichkeit von dem Drachen erlöst hatte, ließ er den Hirten zusammen mit den sieben Drachenzungen fesseln und in den Kerker werfen. Dort musste er sieben Monate lang ausharren.

Der mutige Jäger jedoch heiratete die Prinzessin noch am gleichen Tag. Die beiden führten von Anfang an eine glückliche und bald auch kinderreiche Ehe. Nach dem Tod des Königs wurde der Jäger selbst der neue Herrscher im Land. Die drei Eber lebten als treue Freunde bis zu ihrem Tode im Schloss. Der Schafhirte musste täglich ihr Fell pflegen und sie mit dem besten Futter versorgen. Und so ist das große Forstrevier im Osten von München bis heute nach dem Berg des Drachen und den drei Ebern benannt – der Ebersberger Forst.

Infos zum Ort der Sage

Wer im Ebersberger Forst echten Wildschweinen begegnen möchte, dem sei die Waldgaststätte Ebersberger Sauschütt empfohlen. Anreise über die A94 bis zur Ausfahrt »Forstinning«. Weiter auf der B12 Richtung »Hohenlinden« und dann rechts nach Ebersberg. Von dort ist der Weg beschildert. Bei der Waldgaststätte wurde ein Walderlebnisweg mit einer Schaufütterung für Wildschweine errichtet. Beim Forsthaus Diana befindet sich auch der wohl letzte Köhler in Oberbayern. Besuchenswert ist außerdem das Museum am Aussichtsturm an der Ludwigshöhe mit Blick über den Ebersberger Forst.

Die Baumeister
zu Wasserburg

Das erste Wasserburger Rathaus wurde Mitte des dreizehnten Jahrhunderts erbaut. An die Geschichte dieses Baus knüpft sich eine Sage um den Wettstreit zweier Freunde, der ausnahmsweise nicht mit Rivalität und bösen Intrigen verbunden ist …

Einst wollte man in Wasserburg gleichzeitig ein neues Gotteshaus und ein neues Rathaus erbauen. Der Stadtrat wählte aus der großen Anzahl der Bewerber die befreundeten Steinmetze Hans und Stefan aus und beauftragte sie mit den Vorhaben. Es wurde beschlossen, dass der ältere Hans den Bau einer stattlichen Kirche ausführen und Stefan ein prächtiges Rathaus errichten sollte. Beide Steinmetze waren in der Baukunst sehr erfahren und hatten schon viele Prachtbauten geschaffen. Die beiden Freunde freuten sich sehr über die Aufträge, reichten sich die Hände und schworen einander, ohne jeglichen Hass und ohne die geringste Eifersucht ans Werk zu gehen. Ganz im Gegenteil versprachen sie sich gegenseitige Unterstützung.

Dem Rat der Stadt und vor allem dem Bürgermeister konnte die Ausführung der beiden Bauwerke nicht schnell genug gehen. Lange überlegte das Stadtoberhaupt, wie er die beiden Steinmetze zur Eile antreiben könne. Denn für die Zahlung einer etwaigen Sonderprämie für eine besonders schnelle Fertigstellung hatte die Stadt kein Geld mehr übrig. Eines Abends hatte der Bürgermeister die entscheidende Idee. Er sprach mit seiner Frau und seiner Tochter und ließ Hans und Stefan am nächsten Morgen zu sich ins Rathaus rufen. Dort verkündete er mit feierlicher Stimme: »Derjenige von euch beiden, der mit seinem Bau zuerst fertig wird, soll meine wunderschöne Tochter zur Frau bekommen!« Die beiden Steinmetze meinten zuerst, der Bürgermeister wolle sie zum Narren halten. Denn erstens war die Tochter nicht nur schön, sondern auch ein nettes und beliebtes Mädchen. Außerdem hatte ihr Vater schon so manchen Freier aus bestem Hause abgelehnt.

Doch der schlitzohrige Bürgermeister meinte es mit seinem Angebot ernst. Denn ihm war nicht verborgen geblieben, dass die beiden Steinmetze schon seit längerem ein Auge auf das Mädchen geworfen hatten. Zwar entsprachen die beiden Handwerker nicht seinem Stand, doch sie hatten beide einen ausgezeichneten Ruf. Und so freundete sich das Stadtoberhaupt mit dem Gedanken an, dass einer der beiden alsbald sein Schwiegersohn werden würde. Hauptsache, die Bauarbeiten gingen rasch voran! Die hübsche Tochter indes blickte ihrer kommenden Vermählung mit gemischten Gefühlen entgegen. Einerseits war sie heilfroh, nicht einen pomadigen Nachkömmling aus der reichen Wasserburger Bürgerschicht heiraten zu müssen. Andererseits stand für die Tochter des Bürgermeisters bereits fest, für welchen der beiden Steinmetze ihr Herz schlug. Denn in den feschen Stefan hatte sie sich bis über beide Ohren verliebt. Die folgenden Monate waren für die werdende Braut eine überaus nervenzerreißende Zeit. Mal lag ihr Stefan eindeutig vorn, dann hatte der Kirchenbau von Hans ihn wieder eingeholt.

Trotz aller Eile und Probleme entstand zwischen den beiden Freunden kein Streit. Sie teilten das gelieferte Holz, die Bausteine, den Kalk und den Sand zu gerechten Teilen auf. Immer spannender wurde der Wettbewerb zwischen den beiden Freunden – der Bürgermeister rieb sich zufrieden seine Hände.

Als der Dachstuhl des Rathauses vollendet war, prostete Hans seinem Freund auf dem Richtfest wohlwollend, aber auch schmunzelnd zu. Denn er war sich sicher, dass sein Kirchturm fertig sein würde, noch bevor Stefan seinen großen Dachstuhl gedeckt haben würde. In der Schlussphase der Bautätigkeiten war die Tochter des Bürgermeisters äußerst nervös und ging nicht mehr in die Stadt. Doch als sie eines schönen Morgens ihr Zimmerfenster öffnete, traute sie ihren Augen nicht: Auf dem Dach des Rathauses legte Stefan den letzten Dachziegel auf den First und warf ihr jubelnd tausend Luftküsse entgegen. Ein schneller Blick zum Gotteshaus versicherte der Glücklichen, dass die Turmspitze der Kirche noch fehlte! Der Wettstreit der befreundeten Steinmetze war knapp, aber eindeutig entschieden.

Die bevorstehende Hochzeit stellte die Freundschaft zwischen Hans und Stefan auf eine harte Probe, aber Hans trug sein Schicksal ohne Neid und Groll. Stefan dagegen bekam immer größere Gewissensbisse ob des Unglücks seines Freundes. Tagein, tagaus ging er traurig umher und grübelte, wie er den Jammer loswerden könnte. Und eines Tages, wenige Tage vor der Hochzeit, war Stefan verschwunden. Nirgendwo in der Stadt war der Bräutigam zu finden. Als Hans, nach seinem Freund suchend, in Stefans bescheidene Stube eintrat, fand er nur ein steinernes Selbstbildnis. Daneben lag ein beschriebenes Pergament, in dem er seiner Braut und seinem Freund den letzten Gruß gab. Außerdem stand geschrieben, dass Stefan den Entschluss gefasst hatte, in ein fernes Land zu ziehen, um in einem Kloster ein gottgefälliges Leben zu führen. Ob Hans die verlassene Braut anstelle seines Freundes geheiratet hat, verschweigt die Sage. Doch das Bildnis des treuen Stefan befindet sich bis zum heutigen Tag im Rathaus zu Wasserburg.

Infos zum Ort der Sage

Wasserburg am Inn erreicht man von München aus über die B304 bzw. von der Salzburger Autobahn über die B15. Die fast vollständig erhaltene mittelalterliche Altstadt von Wasserburg am Inn ist in ihrer Gesamtheit eine Sehenswürdigkeit. Im neuen Rathaus der Stadt befindet sich das Bildnis des treuen Stefan.

Die Köhler von Burg

»Die Bergfeen hängen wieder ihre Wäsche auf.« So sagen die Leute mancherorts in den Alpen, wenn nach einem Regentag weiße Nebelschwaden an den Berghängen kleben. Unweit von Burghausen wird ein solches Wetterphänomen mit dem Schicksal dreier Köhler in Verbindung gebracht, wie die folgende Sage zu berichten weiß …

*V*or mehr als 300 Jahren lebten im Dörfchen Burg unweit von Altötting drei Kohlenbrenner mit Namen Rabdod, Ambros und Wolf. Das waren wüste, gottlose Kerle, die sich das Holz für ihre Köhlerhaufen einfach zusammenstahlen. Besonders frevelhaft war dieser Diebstahl, weil die Holzdiebe immer dann an ihr böses Werk gingen, wenn die rechtmäßigen Besitzer andächtig im Gottesdienst verweilten.

Was aber die Kohlenbrenner auf eine so ruchlose Weise verdienten, das rann den drei Kerlen durch ihren zügellosen Lebenswandel auch schnell wieder aus den Händen. Denn in allen Wirtshäusern der Umgebung waren die Köhler als maßlose Zecher bekannt, die beim Schlemmen, Saufen und beim Kartenspiel ihre letzten Pfennige auf den Kopf hauten.

Und wie könnte es anders sein? Ausgerechnet das »Wirtshaus zur Hölle« war die Stammwirtschaft der rußgeschwärzten Gesellen. Dabei war der Wirt der »Hölle« alles andere als ein teuflischer Mitmensch. Daher sah er es auch gar nicht gern, dass die drei Köhler so oft bei ihm einkehrten. Er war aufgrund seiner umgänglichen Art und seines preiswerten Essens in der ganzen Umgebung sehr beliebt und wollte seinen Ruf natürlich nicht schädigen – schon gar nicht wegen dieser drei Halunken.

In dem Waldstück oberhalb des Nachbarortes Eisenfelden ging ein anderer Köhler namens Konrad dem schweren Handwerk des Kohlenbrennens nach. Im Gegensatz zu seinen Burger Kollegen war der junge Mann äußerst seriös und geradlinig. Auf seinem kleinen Anwesen am Kaiserberg hatte er einige Bäume gepflanzt, deren Holz er nutzen konnte. Das Holz, das er darüber hinaus benötigte, kaufte er bei den umliegenden Waldbauern rechtmäßig ein. So konnte er sich mit der Köhlerei gerade so über Wasser halten.

Sein Vater, der nach langer Krankheit zwei Jahre zuvor gestorben war, hatte ihm zwar ein kleines Haus und eine Waldparzelle hinterlassen, doch er musste beide noch abbezahlen. Im Gegensatz dazu – oder als Ausgleich für diese schwere Last – war Konrad, was die Liebe anging, mit dem größten Glück gesegnet, das sich ein Mensch nur wünschen kann. Denn das schönste Mädchen des Dorfes hing mit unendlicher Treue und Liebe an dem tüchtigen Köhler. Sie war nicht nur hübsch, sondern hatte auch noch ein sehr großes Herz. Darüber hinaus pflegte sie ihre schwerkranke Mutter Gertraud so gut, wie sie es nur konnte. Und wann immer er die Zeit fand, half Konrad ihr bei dieser verantwortungsvollen Aufgabe.

An einem Sonntagabend saß Klara, wie das Mädchen hieß, am Krankenbett ihrer Mutter und versuchte, sie mit einem lustigen Tratsch aus dem Dorf ein wenig zu erheitern. Da kam Konrad zur Tür herein, setzte sich ebenfalls ans Bett und sagte: »Liebe Mutter Getraud, meine geliebte Klara! Der größte und schönste Holzhaufen, den ich jemals zu einem Meiler aufgeschichtet habe, wird in den nächsten Tagen angezündet. Wenn alles gut läuft, so denke ich, mit der Kohle den größten Teil meiner Schulden endlich abbezahlen zu können. Dann aber können wir zwei, Klara, doch endlich heiraten. Und du, liebe Mutter, ziehst zu uns und bekommst den wärmsten Platz in der ganzen Stube.«

Die Mutter reichte ihm gerührt und den Tränen nahe ihre Hand, und Klara fiel Konrad weinend vor Glück um den Hals. Der zukünftige Bräutigam fuhr fort: »Lasst uns nicht lange warten. Noch am Ende des Monats soll unsere Trauung stattfinden. Vorher aber sollst du, Gertraud, wieder ein wenig genesen. Ich habe mir für dich von dem weisen Einsiedler zu Engfurt einen Trank aus Heilkräutern ansetzen lassen. Bis übermorgen sollen die Kräuter ihre Wirkung entfaltet haben. Du wirst sehen, auf unserer Hochzeit wirst du noch das Tanzbein schwingen.«

Wenige Tage später wurde dem herzoglichen Förster ein weiterer Holzdiebstahl gemeldet, und die Köhler von Burg waren sogleich die Hauptverdächtigen. Alle drei glaubten, dass Konrad sie verraten habe, dabei hatte dieser mit der Sache ganz und gar nichts zu tun. Dazu kam noch, dass Rabdod einen Sohn namens Hans-Jörg hatte, der dem schlechten Charakter seines Vaters in nichts nachstand. Der Bursche war genauso alt wie Konrad, im Gegensatz zu diesem aber in der ganzen Gegend wegen seiner Streitsucht gefürchtet. Und ausgerechnet dieser Hans-Jörg hatte auch ein Auge auf Klara geworfen. Als Vater und Sohn nun von der anstehenden Hochzeit hörten, wuchs ihr Hass gegen den glücklichen Konrad ins Unermessliche.

Eines düsteren Herbsttages stachelte Rabdod die beiden anderen Köhler mit einem teuflischen Plan auf: »Hört, Kameraden. Den Konrad müssen wir aus dem Weg schaffen. Er hat seinen riesigen Meiler schon angezündet. Heute Nacht noch wollen wir ihn überfallen und ihn geknebelt in seinen eigenen brennenden Kohlenhaufen werfen!« Selbst den groben Köhlern fuhr ein Schauder über den Rücken, als sie

75

diesen teuflischen Plan hörten. Aber der Älteste fuhr unbeirrt fort: »Wenn seine Leiche erst verkohlt ist, wird man glauben, es handele sich um einen tragischen Unfall. Kommt jetzt mit in die ›Hölle‹, da gebe ich eine große Runde auf unser Vorhaben aus!«

Als der Wirt die drei angetrunkenen Köhler um Mitternacht aus seiner Gaststube warf, machten sich die Unseligen auf den Weg in den Wald. Und mit jedem Schritt der Bösewichter rückte das schreckliche Schicksal von Konrad näher.

Genau zur gleichen Stunde erwachte Klara aus einem unruhigen Schlaf. Von einer unheilvollen Vorahnung getrieben, kniete sie sich vor dem kleinen Hausaltar hin und betete für das Wohl ihres Geliebten.

Während die junge Braut viele Stoßgebete zum Himmel schickte, nahm das Schicksal seinen Lauf. Schritt für Schritt kamen die Bösewichter Konrad Meiler im Dunkel der Nacht näher. Rabold hatte sich einen großen Jutesack und einen dicken Strick über seine Schultern geworfen. Und keiner der Verschworenen hatte auch nur die geringsten Skrupel ob der gräulichen Untat, die vor ihnen lag.

Als die drei Köhler die kleine Beihütte am Kaiserberg erreicht hatten, die neben dem Kohlenmeiler stand, zog ein gewaltiges Unwetter auf. Blitze zuckten durch den Nachthimmel. Die Unholde rissen die Hüttentür auf, stülpten dem Schlafenden einen Sack über den Kopf und fesselten ihn an Händen und Füßen. Der arme Kerl schrie aus Leibeskräften und trat mit seinen zusammengebundenen Füßen wild um sich. Da versetzte ihm Rabold einen so heftigen Schlag auf den Kopf, dass er bewusstlos zusammensackte. Dann packten die Köhler ihr Bündel und schritten unbeirrt auf den rauchenden Meiler zu. Die Glut im Holzstoß hatte mittlerweile ihre allergrößte Hitze erreicht. Mit nassen

Tüchern vor dem Gesicht traten die drei Schwerverbrecher auf den Meiler zu, um ihre unselige Tat zu vollenden. Doch als sie den Wehrlosen in den brennenden Meiler warfen, fuhr ein greller Blitz mit lautem Donner in eine große Tanne, die genau neben dem Kohlenhaufen stand. Einer riesigen Mahnfackel gleich, loderte das Feuer des Baumes in den pechschwarzen Himmel hinauf. Klara bemerkte den von Weitem sichtbaren Feuerschein sofort und rannte durch den Regen zu Konrads Hütte. Und wie erschrak sie, als sie das Lager des Geliebten leer vorfand! So laut sie auch rief, von ihrem Konrad kam keine Antwort.

Am nächsten Tag trat Rabdod mit einem höhnischen Grinsen aus seinem Haus. Als er jedoch an der Dorfschmiede vorbeikam, wurde ihm unheimlich, hörte er doch aus der Werkstatt folgendes Lied:

»Und meinet auch der Bösewicht, der liebe Gott, der säh´ es nicht. Horch auf! Die Schwalben zwitschern schon, seitdem der Morgen graut, davon. Und eh´ du es vermutet hast, hat Gottes Hand dich schon gefasst!«

Doch mit diesem Lied war es nicht genug, und nun wurde Rabdod kreidebleich: Um die Hausecke der Schmiede bog ein fröhlich-pfeifender Konrad, der sich augenscheinlich bester Gesundheit erfreute. Rabdod blieb wie angewurzelt stehen, als aus der Schmiede abermals der Vers ertönte: »Und eh´ du es vermutet hast, hat Gottes Hand dich schon gefasst!«

Konrad aber trat auf Rabdod zu und sagte: »Gut, dass ich dich treffe, gerade wollte ich zu deinem Haus. Gestern Nacht, als ich nach meinem brennenden Meiler schauen wollte, fand ich auf halbem Weg dorthin den jungen Hans-Jörg blutüberströmt auf dem Waldboden liegen. Anscheinend hat er sich wieder einmal mit einem seiner Zechkumpane geprügelt. Ich trug ihn sogleich in meine Beihütte und verband seine Wunden. Ich denke, mittlerweile wird er seinen Rausch ausgeschlafen haben.«

Rabdod bekam auf der Stelle den Blick eines Wahnsinnigen. Wie von Furien gehetzt, rannte er durch den kleinen Ort und schrie ohne Unterlass: »Und eh´ du es vermutet hast, hat Gottes Hand dich schon gefasst! Ich habe meinen eigenen Sohn verbrannt!« Dann wechselte der Irrsinnige plötzlich seine Richtung und eilte auf den Wald am Kaiserberg zu. Konrad und die Gesellen der Schmiede rannten Rabdod hinterher. Doch sie konnten den Wahnsinnigen nicht mehr einholen. Als sie Konrads Kohlenhaufen erreichten, konnten sie nur noch tatenlos zusehen, wie sich Rabdod kopfüber in den brennenden Meiler stürzte. Konrad aber rief: »Kameraden, können wir zwar sein Leben nicht mehr retten, so entreißen wir doch seinen Leib der Glut, um der armen Seele ein anständiges Begräbnis zu geben.« Mit übermenschlichen Kräften zerstörten Konrad und die Schmiedgesellen den halb durchgebrannten Kohlenhaufen und fanden darin den verkohlenden Leichnam Rabods und die Gebeine seines Sohnes.

Wenige Tage später saß Konrad mit Klara am Krankenbett der Schwiegermutter, der es durch die Medizin des Einsiedlers schon viel besser ging. Konrad seufzte betrübt: »Unsere Hochzeit müssen wir nun wohl aufschieben. Denn durch die Zerstörung meines Meilers wird es noch lange dauern, bis ich meine Schulden abgetragen habe.« Klara fiel ihrem Geliebten um den Hals und lachte nur: »Die Hochzeit kann warten. Ich bin doch so überglücklich, dass du noch am Leben bist.« In dem Moment klopfte es an der Tür und der weise Einsiedler zu Engfurt trat herein. Der Greis sagte schmunzelnd: »Was hätte dein Kohlenhaufen wohl für einen Ertrag erbracht?« – »So an die 40 Gulden hätte ich für die Kohlen wohl bekommen können«, überlegte Konrad. Da zückte der Einsiedler einen Beutel und sprach: »Konrad, du hast deine größten Feinde gepflegt und für ihr Seelenheil deinen eigenen Meiler zerstört. Nimm dieses Säckchen voller Gulden. Es ist nur ein Teil dessen, was mir die Reichen als Dank für wiedererlangte Gesundheit zurücklassen.«

Und so konnte die Hochzeit doch noch wie geplant am Ende des gleichen Monats gefeiert werden. Der Köhler Wolf verschwand aber noch am gleichen Tage, an dem sich Rabdod in den Meiler gestürzt hatte. Wenige Tage später fand man seinen Leichnam. Er hatte sich an einer Buche erhängt. Ambros wiederum stellte sich dem Gericht, gab das ganze Verbrechen zu und wurde dem Scharfrichter zugeführt. So entging keiner der drei Übeltäter seiner schrecklichen Strafe. Doch Ruhe haben die drei Köhler auch im Jenseits nicht gefunden. Immer, wenn nach einer Regennacht das Wetter wieder klar wird, steigen dampfende Wolken an den früheren Brennstätten der Köhler auf. Und manche Einheimische wollen in dem weißen Dampf gar die Gestalten der drei Bösewichter erkannt haben.

Infos zum Ort der Sage

Winhöring erreicht man, indem man über die B12 bis Mühldorf fährt und dort der Beschilderung nach Tögling und Winhöring folgt. Über Steinhöring geht es dann weiter zum Ortsteil Burg. Hier gibt es sogar eine »Drei-Köhler-Straße«. Zum Kaiserberg führt der sogenannte »Max-Halbe-Weg«, der von der Trenbeckstraße links abzweigt. Am Kaiserberg wird man zwar nicht mehr Konrads Meiler finden. Dafür steht dort eine neoromanische Burgruine, die nach einem Brand in den 1960er-Jahren immer mehr zuwächst. Anscheinend zieht dieser Ort abergläubische Zeitgenossen magisch an. Denn die Burg soll zu einem beliebten Treffpunkt satanischer Sekten geworden sein.

Der Kreuzfelsen
in der Salzach

*Am Burghausener Fluss hat sich vor etwa 8000 Jahren ein tiefes
Bett in die Kiese und Nagelfluhfelsen gefressen – der Salzachdurchbruch. Viele lose Felsblöcke sind seitdem in das Flussbett der
Salzach gestürzt. Nach einer alten Sage soll der größte von ihnen
aufgrund eines tragischen Ereignisses heruntergepoltert sein.*

In der alten Herzogstadt Burghausen verlobte
sich einst ein ungleiches Paar. Die Braut Margarethe war die Tochter eines reichen und sehr
angesehenen Kaufmanns. Der Bräutigam Wolfgang hingegen
war ein einfacher – wenn auch äußerst hübscher – Fischer.
Viele junge Männer beneideten ihn um den guten Fang, den er
mit der Bürgerstochter gemacht hatte. Margarethe scherte sich
nicht um den Tratsch in der Stadt, und nachdem sie den
Widerstand ihrer Eltern überwunden hatte, freute sie sich nun
sehr auf die bevorstehende Trauung.

Wenige Tage vor der Hochzeit brach jedoch ein furchtbares
Unglück über die Stadt herein. Ausgerechnet ein Schießpulver-
fabrikant hatte beim Trocknen den Ofen überheizt, und die
darauf folgende Explosion entwickelte sich in Windeseile zu
einem Großfeuer. Margarethe weilte zur Zeit des Unglücks bei
einer Kusine in Altötting. Als sie nach Burghausen zurückkehrte, fand sie das Haus ihres Vaters vollkommen zerstört vor.
Und was noch viel schlimmer war: Auch ihre geliebten Eltern
waren in der Feuersbrunst umgekommen. So war die Braut
schlagartig eine bettelarme Waise geworden.

Auf der Suche nach ihrem geliebten Wolfgang eilte Margarethe verstört durch die zu großen Teilen zerstörte Altstadt von
Burghausen. Zwischen den verkohlten Ruinen fragte sie jeden
nach dem Verbleib ihres Bräutigams. Und tatsächlich hatten
einige Leute Wolfgang unversehrt durch die Stadt spazieren

sehen. Doch Margarethe konnte sich nur kurze Zeit über diese Nachricht freuen, denn man berichtete ihr, dass Wolfgang Seite an Seite mit einer gewissen Sybille dahingeschlendert sei. Sybille war ebenfalls eine Tochter von reicher Abstammung und hatte wie Margarethe seit langem ein Auge auf den feschen Wolfgang geworfen – und Sybilles Elternhaus wurde von den Flammen verschont …

Am Hochgericht der Stadt traf Margarethe die als böse Hexe verrufene »Kräuter-Res«. »Hast du den Wolfgang gesehen?«, fragte das traurige Mädchen. »Du armes Ding«, höhnte die Hexe. »Deinen Wolfgang musst du nicht mehr suchen. Der hat sich Sybille angelacht und küsst sie sogar auf offener Straße. Ich habe die Karten befragt: Mit dir und dem Wolfgang wird es ein übles Ende nehmen.« Und mit ihrer zitternden Hand wies die Alte auf einen nahen Galgen: »Am besten ist´s, du bittest gleich den Henker um Erlösung!« – »Du hast Recht«, seufzte die arme Margarethe. »Mein Leben hat seinen Sinn verloren. Am besten, ich werfe es weg!«

Fest entschlossen rannte das Mädchen nun auf die Hochfläche zu, die in einem senkrechten Abbruch direkt über der Salzach endet. Damals hing der Kreuzfelsen noch direkt an der schwindelerregenden Geländekante. Ausgerechnet dort, wo sie einst so schöne Stunden mit ihrem Wolfgang erlebt hatte, überraschte sie den untreuen Bräutigam in den Armen der Nebenbuhlerin. Wolfgang wurde auf der Stelle kreidebleich und nahm voller Scham seinen Arm von Sybilles Schulter. Margarethe schaute Sybille voller Verachtung in die Augen und rief: »Jahrelang bist du meinem Wolfgang hinterhergerannt. Und jetzt, wo ich arm bin, glaubst du, dass deine große Stunde gekommen ist. Auf meinem Unglück willst du dein Glück aufbauen. Doch aus dem Jenseits noch werde ich es verhindern!« Dann wandte sie sich an den Wolfgang: »Du hast nicht mich,

sondern nur das Geld meiner Eltern geliebt. Gleichwohl –
Sybille wird nie deine Frau. Du wirst mir folgen. Mein Grab
soll auch das deine sein!« Dann rannte Margarethe wie von
Furien gehetzt auf den Steilabbruch zu. Und Wolfgang wartete
zu lange, um die Lebensmüde aufhalten zu können. Mit einem
Schrei stürzte sich Margarethe in die Fluten der Salzach.

Nach einem kurzen Moment des Schweigens zischte Sybille:
»Die sind wir los. Unserem Eheglück wird diese Wahnsinnige
nicht mehr im Wege stehen.« Doch als Sybille Wolfgang umar-
men wollte, stieß sie dieser barsch zurück und schrie: »Ich bin
ihr Mörder! Auf ewig stehe ich in ihrer Schuld.« Dann rannte
Wolfgang auf und davon und ward in Burghausen nicht mehr
gesehen. Die Bewohner der gegenüberliegenden Salzachseite
beobachteten den Fischer jedoch dabei, wie er zwölf Tage lang
morgens und abends Rosensträuße in das nasse Grab seiner
richtigen Braut warf. Einmal fand er am Rande des Felsabbru-
ches ein Edelweiß und wollte es für seine verstorbene Margarethe abpflücken. Doch als sich der Unglückliche über den Rand
beugte, geriet der Fels unter ihm ins Wanken und stürzte mit
ihm zusammen in den Abgrund.

So fand er sein Grab neben seiner toten Geliebten – und dennoch lange keine Ruhe. Sein Geist soll noch viele Jahre am
Kreuzfelsen herumgespukt haben und wurde erst gebannt, als
man auf dem Felsen ein Kreuz errichtete.

Infos zum Ort der Sage

*Burghausen erreicht man von München kommend über die B12 und
die A94. Von der Abfahrt »Marktl« geht es über die B20 nach Burghausen. Von Süden bzw. Norden nutzt man ebenfalls die B20. Vom
Curaplatz aus führt ein schmaler Steg hinab zur Salzach, von deren
Fluten der Kreuzfelsen umspült wird.*

Gotteszeichen
und Geisterspuk

Mit stolzen 1043 Metern ist die Burghausener Burg die längste Burganlage Europas. Diese Meisterleistung mittelalterlichen Burgen- und Wehrbaus besteht aus sechs in sich abgeschlossenen Höfen, die durch Tore, Gräben und Zugbrücken gesichert waren. Platz genug also für Gespenster, die sich hier so richtig austoben konnten. Aber nicht nur Geister, sondern auch Geistliche haben in Burghausen ihre sagenhaften Spuren hinterlassen, wie die erste der beiden Geschichten zu berichten weiß.

Noch im 19. Jahrhundert bestand zu Burghausen ein Hochgericht. Die Rechtsprechung, die ihm oblag, nennt man auch Blutgerichtsbarkeit, denn die Richter hatten damals über Strafen wie Verstümmelungen oder Tod zu entscheiden. Ein alter, ehrwürdiger Jesuit des dortigen Klosters hatte seit vielen Jahren das schwere Amt, die Verurteilten auf den Tod vorzubereiten und sie auf dem Weg zur Richtstätte zu begleiten. Niemand anderem als dem guten Jesuiten hätte man so eine Aufgabe anvertrauen können, denn der Geistliche vermochte es, noch dem Unglücklichsten Trost zuzusprechen.

Eines Tages wurde der Jesuit zu einem jungen Mann in den Kerker gerufen, der wegen eines Mordes zum Tode verurteilt worden war. Die Umstände und Beweise des Verbrechens waren zwar nicht ganz eindeutig, aber das Burghausener Hochgericht hatte den Mann dennoch für schuldig erklärt. Bald darauf wurde das Urteil auch in München bestätigt. Dem guten Galgenpater ging das Schicksal des Verurteilten sehr ans Herz, und so besuchte er den armen Kerl in seiner Zelle, so oft es ging. Ein um das andere Mal beteuerte der freundliche Bursche ihm seine Unschuld. Zunächst war sich der Jesuit unsicher, doch je öfter er den zum Tode Verurteil-

85

ten traf, desto mehr wuchs seine Gewissheit, dass der Gefangene die Wahrheit sprach. Schließlich ging der Jesuit zum höchsten Richter der Stadt und bat diesen, das Urteil nochmals zu überdenken und erneut genau zu prüfen. Doch die Fürsprache blieb leider erfolglos.

So kam der festgesetzte Tag der Hinrichtung. Eine gaffende Menge säumte die Straßen, als der greise Galgenpater seinen jungen Freund, den er mittlerweile äußerst lieb gewonnen hatte, auf dem Armesünderkarren zur Richtstätte begleitete. Plötzlich sprach der Verurteilte zu seinem fast schon väterlichen Freund: »Lieber Pater, ich weiß, Sie glauben an meine Unschuld. Aber so, wie die Beweise liegen, könnten Sie doch irgendwann einmal anfangen daran zu zweifeln, dass ich die Wahrheit gesprochen habe. Gott gibt mir aber genau in diesem Augenblick das lebendige Vertrauen ins Herz. Erbitten Sie sich von ihm irgendein Zeichen für meine Unschuld. Ich glaube fest daran, Gott wird es Ihnen gewähren!« Der Pater antwortete mit sanfter Stimme: »Ich zweifle keineswegs an deiner Unschuld. Aber um dich zu beruhigen, bitte ich Gott hiermit, dass zum Beweis deiner Unschuld der größte Sünder auf vier Stunden weit in der Runde sich bekehre und ich dies erfahre.« »Ich danke Ihnen, lieber Pater«, seufzte der Todgeweihte. »Und ich bin mir sicher, Sie werden das Zeichen erleben.«

Mit diesen Worten erreichte der Angeklagte die Richtstätte – und trotz seines jugendlichen Alters starb er mit großer innerer Sammlung, fast einem Heiligen gleich. Die Menge wurde totenstill, die Kirchturmuhr verkündete genau die fünfte Stunde.

Zu Tode betrübt kehrte der Pater in seine kleine Klosterzelle zurück und warf sich auf sein Lager. Die ganze Nacht konnte er kein Auge zutun und fand nur im stillen Gebet etwas

Trost. In aller Herrgottsfrühe klopfte es um drei Uhr plötzlich an seiner Tür. Als er öffnete, stand der Pförtner des Klosters vor dem Pater und sprach: »Bereits seit einer Stunde steht ein Mensch vor der Klosterpforte. Jetzt konnte ich ihn einfach nicht mehr abwimmeln. Der Unbekannte begehrt dringend, dass Ihr ihm die Beichte abnehmt.« So ging der Galgenpater mit dem Pförtner zur Klostertür und führte den Fremden dann zum Beichtstuhl.

Ein solches Bekenntnis, welches ihm der Fremde im Folgenden eröffnete, hatte selbst der Galgenpater in seinen langen Jahren als Beichtvater noch nicht gehört. Stundenlang und bis ins kleinste Detail erzählte der Mann von seinen Verfehlungen und Sünden. Er trug die Beichte mit einer so tiefen Reue vor, dass der gute Pater selbst aufs Innigste bewegt war. Als das Bekenntnis vorüber war, fragte er den reuigen Sünder: »Mein lieber Mann, warum beichtet Ihr gerade jetzt, zu einer solch frühen Stunde? Und wieso kommt Ihr ausgerechnet zu mir?« – »Mein Pater«, antwortete dieser, »gestern Nachmittag arbeitete ich wie gewöhnlich in meinem Stall und dachte nicht im Geringsten an meine vielen Sünden. Da durchzuckte es mich plötzlich und ohne Vorwarnung. Das schlechte Gewissen fiel auf einmal wie Feuer vom Himmel in meine Seele und brannte in meinem Geist wie die Hölle, die ich offen vor mir sah. Alle meine Missetaten standen mir vor Augen, und ich schrie: ›Ich bin verdammt!‹ Da hörte ich eine Stimme in mir, die sprach: ‚Verzweifle nicht. Mach dich auf und geh nach Burghausen. Lege dort beim Galgenpater eine ehrliche Beichte ab und Gott wird dir vergeben.‹ Und so bin ich die ganze Nacht durchgelaufen, bis ich zum Kloster kam und Euch endlich fand.«

»Um wie viel Uhr ist das genau passiert?«, fragte der Jesuit. »Gestern Nachmittag um fünf Uhr«, antwortete der Fremde.

»Und wie weit wohnt Ihr von hier?«, hakte der Geistliche nach. »Gute vier Stunden«, war die Antwort. Schmunzelnd blickte der Galgenpater zum Himmel.

Aber nicht nur aus dem Klosterleben in Burghausen, auch von der Burg selbst wird Unerklärliches berichtet: Einst lebte auf der Burghausener Burg ein begnadeter Meisterkoch namens Dietrich, der für das leibliche Wohl des Hofstaats mehr als ausreichend sorgte. Die Dienerschaft des Schlosses trug rote Gewänder, nur die Köche hatten weiße, hohe Hauben auf.

Der Herzog, dem die prächtige Burg gehörte, ließ sich nur sehr selten blicken, obwohl seine junge Frau Hedwig hier lebte. Doch er besaß noch ein weiteres Schloss, das er gern häufig und ausgiebig als Liebesnest für sich und seine ständig wechselnden Konkubinen nutzte. Da der Herzog reich und mächtig war, konnte er sich einen solchen Lebensstil leisten.

So hatte die junge Herzogin zwar eine große Burg und viele Diener. Aber sie hatte keinen Mann. Nächtelang lag sie einsam in ihrem Bett und war sehr traurig darüber, dass ihr Mann so gut wie immer weg war und sie auch noch betrog. Die Seitensprünge des Herzogs waren ihr nämlich sehr wohl zu Ohren gekommen. Die Herzogin Hedwig war sehr freundlich und entzückend schön, sodass wohl manch ein Ritter gern ihr Liebhaber geworden wäre. Doch die Männer am Hofe fürchteten sich zu sehr vor der Rache des Herzogs, die er an dem Kerl nehmen würde, der seine eigene Frau verführte.

Der einzig Mutige von allen Freiern war daher auch kein Ritter, sondern der fesche Koch Dietrich mit den schwarzen Locken. Eines schönen Morgens brachte er der Herzogin das

Frühstück höchstpersönlich ans Bett – und keine Viertelstunde später war es um die beiden auch schon geschehen. Zu lange schon lebte die Herzogin in gleichsam klösterlicher Enthaltsamkeit. Der Koch und die Herzogin verliebten sich auf das Innigste ineinander und trafen sich von nun an so oft, wie es nur ging, an einem geheimen Ort. Trotzdem wusste bald das gesamte Hofpersonal von der Liebelei, doch fast jeder gönnte dem Paar sein ungestörtes Glück.

Die Freude war leider nicht von langer Dauer. Durch den Hinweis eines gemeinen Verräters aufmerksam geworden, kehrte der Herzog eines Abends unangemeldet ins Schloss zurück. Er riss die Schlafzimmertüre auf und fand seine junge Frau in den Armen ihres Geliebten. Außer sich vor Wut gab er an Ort und Stelle den Befehl, den armen Koch zur Strafe bei lebendigem Leibe einmauern zu lassen. Und noch in der gleichen Nacht wurde dieses grausame Todesurteil vollzogen.

Über viele Jahre spukte nach Dietrichs Tod auf der Burghausener Burg das »Gespenst mit der weißen Haube« herum und erschreckte die Burgbewohner.

Infos zum Ort der Sage

Burghausen erreicht man von München kommend über die B12 und die A94. Von der Abfahrt »Marktl« geht es über die B20 nach Burghausen. Von Süden bzw. Norden her kommend, nimmt man ebenfalls die B20. Öffentliche Burgführungen für Einzelpersonen, Familien und kleine Gruppen finden von Ostern bis Oktober samstags, sonn- und feiertags jeweils um 11 Uhr und um 14 Uhr statt. Der Treffpunkt ist der Curaplatz, am Burgeingang ist der Eintritt vier Euro pro Person. Vom Curaplatz aus führt auch ein schmaler Steg hinab zur Salzach, von deren Fluten der Kreuzfelsen umspült wird.

Der Teufelsgraben
bei Holzkirchen

Holzkirchen liegt in einem trockenen Quertal, das von Bad Tölz nach Osten zum Mangfallknie verläuft. Es handelt sich um ein Urstromtal, das im Eiszeitalter entstand, als der Isarlauf gleich unterhalb von Tölz mit dem Moränenschutt des Karwendelgebirges verstopft war und die Isar eine Zeit lang zur Mangfall abgeflossen ist. Die früheren Bewohner des Alpenvorlandes konnten sich die Entstehung eines solchen Trockentales natürlich noch nicht mit geologischen Zusammenhängen erklären. Vielmehr stand für sie eine überirdische Macht dahinter.

An einem finsteren Novemberabend ging der alte Mesner von Föching in die Kirche, um das Abendgebet zu läuten. Dichter Nebel hing über der totenstillen Dorfstraße. Keine Menschenseele war mehr draußen unterwegs, denn nach der verrichteten Stallarbeit saßen die Bauern schon in ihren gemütlichen Stuben und warteten auf das Nachtessen. Da sah der Mesner eine dunkle Gestalt langsam, aber stetig auf sich zukommen. Der fromme Mann wunderte sich, als er erkannte, dass der hinkende Unbekannte eine riesenhafte Schaufel mit sich trug. Als der Unheimliche keine drei Meter mehr von ihm entfernt war, wurde dem Mesner schlagartig klar, wer da plötzlich aus der Nebelsuppe aufgetaucht war. Der behaarte Geißfuß und die spitzen Hörner ließen den Mesner erschaudern. Der Teufel höchstpersönlich ging direkt auf den Kirchendiener zu! Heimlich machte der ein Kreuz und fragte beherzt: »Ja, was tust denn du heute in der Nacht noch arbeiten? Es ist doch längst Feierabend.« Da herrschte ihn der Leibhaftige an: »Ich kann meine Arbeit erst beginnen, wenn du mit deinem verfluchten Glockengeläut fertig bist. Und ich muss heute Nacht noch einen riesigen Graben ausschaufeln. Von Bad Tölz über den Kirchsee bis Holzkirchen steht er schon. Diese Nacht aber werde ich mein Meisterwerk vollenden! Wenn du morgen in der Früh zur fünften Stunde den Tag anläutest, muss der Graben fertig sein. Da wirst du dann Augen machen. Denn kein Stein wird mehr auf dem anderen sein! Die Fluten der umgeleiteten Isar werden sich durch meinen Graben in das Tal der Mangfall stürzen und auf dem Weg zum Inn ganz Aibling und Rosenheim mit sich davonspülen.« Dann fasste der Teufel den Mesner am Kragen und zog dessen Gesicht so nahe an sich, dass der Glöckner den nach Schwefel riechenden Atem in seiner Nase spüren konnte. Der Teufel schaute ihm hasserfüllt in die Augen und drohte: »Und eines sage ich dir: Du hältst schön brav still. Denn sonst werde ich deine verfluchte Seele gleich heute Nacht noch höchstpersönlich holen!« Als der Höllenfürst geendet hatte, gab es einen lauten Knall und nichts war mehr von ihm zu sehen als eine gelbe, nach Schwefel stinkende Wolke.

Der arme Mesner zitterte am ganzen Körper. So schnell er nur konnte, lief er zum Kirchturm, verrichtete das Abendgeläut und eilte in seine warme Stube. Die ganze Nacht machte er kein Auge zu. Denn schwere Gewissensbisse plagten ihn. Wenn er die Talbewohner nicht warnte, dann würden morgen früh Hunderte unschuldiger Kinder, Frauen und Männer in den tosenden Fluten des Hochwassers ertrinken. Doch wenn er sich jemandem anvertraute, dann wäre es um seine arme Seele geschehen. Wie konnte er seine Gemeinde nur vor dem großen Unglück retten? Stunde um Stunde wälzte er sich im Bett umher, bis ihm endlich die rettende Idee kam. Kurz vor drei Uhr in der Nacht schlich sich der Mesner zur Dorfkirche und schloss den Glockenturm auf. Genau als der Zeiger der Turmuhr die dritte Stunde anzeigte, fasste der Mesner das

Die folgende Sage stammt vom bayerischen Alpenrand und berichtet über die wundersamen Gaben einer Bergkröte, der man ganz besondere Heilkräfte zuschrieb. Im Mittelalter bekämpfte man die Pest mit Zubereitungen aus Krötenhaut. Äußerlich wurden Kröten gegen Hautleiden eingesetzt und als Gegengift auch innerlich angewendet. Im 19. Jahrhundert wurde das Gift aus ihren Hautdrüsen in der Homöopathie eingesetzt. Einer zweiten Sage nach warteten verfluchte Seelen nicht immer nur als Geister, sondern bisweilen auch in Form eines Heppeis – einer Kröte – auf ihre endgültige Erlösung.

Hoch droben auf dem kleinen Audorfer Berg lebte einst eine Bergbauernfamilie in ihrem Haus mit einem Heppei, wie man Kröten in dieser Region nennt. Das Tier war dick, über und über mit Warzen bedeckt und ganz abscheulich anzuschauen. Den ganzen Tag lang hockte die Kröte unter der Holztreppe zum Dachboden und duckte sich in den hintersten Winkel hinein, sodass sie kaum jemand zu Gesicht bekam. Nur der Bauer und seine Familie kannten dieses Versteck. Des Nachts aber kam das Heppei hervorgehüpft und sprang mit platschenden Geräuschen durch das ganze Haus. Auch in der Schlafkammer hörten der Bauer und seine Frau die Kröte auf dem Fußboden herumtapsen. Doch keiner im Haus fühlte sich von dem hässlichen Tier gestört, niemand tat ihm was zuleide. Man hatte sich an das Heppei, das unscheinbare Mitglied des Hauses, gewöhnt.

Zu Beginn eines sehr strengen Winters wurden die Bäuerin und ihre beiden Kinder schwer krank. Der Bauer eilte natürlich so schnell es ging hinunter ins Inntal, um ärztliche Hilfe zu holen. Doch kein Doktor vermochte die vielen eiternden Wunden zu heilen, von denen die Körper seiner geliebten Familie immer mehr befallen wurden. Weder Salben noch Tinkturen, die der Bauer für viel Geld von erfahrenen Kräuterfrauen erstanden hatte, brachten auch nur die geringste Linderung. So lagen die Ärmsten in ihrer Kammer und hatten sich bereits gottergeben mit ihrem baldigen Tod abgefunden.

Die Sorgen um die Seinen ließen den Bauern keinen Augenblick los. So kam es, dass er die anfallende Hofarbeit nicht mehr gewissenhaft verrichten konnte, da er Tag um Tag darüber nachgrübelte, wie er seinen Lieben das Leben retten könnte. Dies hatte zur Folge, dass es mit dem Hof zusehends bergab ging.

Eines Tages, als es vor allem seinen Kindern besonders schlecht ging, kam er auf den Gedanken, dass ja das Heppei an all dem Elend schuld sein könnte. Viele seiner Nachbarn hatten ihn schon wegen der Hauskröte ausgelacht. Und so manche abergläubische Person hatte ihn vor seinem seltsamen Hausgenossen ängstlich gewarnt. Je länger er darüber nachdachte, umso fester war er davon überzeugt, dass das Unglück von dieser gräulichen Kröte ausgehen musste. Und so war er fest entschlossen, das arme Tier umzubringen, das sowieso viele für widerlich hielten.

Nach seiner Entscheidung zögerte der Bergbauer keine Minute länger und wollte sein Vorhaben gleich in die Tat umsetzen. Er holte einen Besen aus der Besenkammer und fing an, das ganze Haus auszukehren. Endlich fand er das Heppei, das seelenruhig unter der Stiege hockte. Er scheuchte es auf und jagte es zur Haustüre hinaus, die er vorher schon weit aufgerissen hatte. An den Türpfosten hatte er griffbereit einen dicken Prügel gelehnt. Sein Plan war, das Tier damit auf dem Misthaufen vor dem Haus zu erschlagen. Und dann schien alles zu laufen wie geschmiert: Das Heppei hopste tatsächlich zur Tür hinaus und ließ sich auf dem Misthaufen nieder. Der Bauer packte den Knüppel und holte zu einem gewaltigen Schlag aus.

Doch was dann geschah, hatte der Bauer in seinen Plan nicht mit einkalkuliert. Blitzschnell hob die unschuldige Kröte ihre beiden Vorderbeinchen hoch, verharrte so bittend am Boden und schaute den Bauern mit ihren Glubschaugen mitleiderheischend an. Der von Natur aus friedliche Mann war äußerst erstaunt und empfand Reue gegenüber dem treuen Tier, das schon so lange bei ihnen lebte. Und so brachte er es nicht übers Herz, das Heppei zu erschlagen und ließ seinen Arm mit dem Prügel sinken. Sogleich öffnete die Kröte ihr breites Froschmaul und quakte zur großen Überraschung des Hausherrn mit deutlicher Stimme: »Mein Herr, lasse mich am Leben! Dann will ich dir und den Deinen auch helfen!« Der Bauer bückte sich zum Heppei hinab und hob es mit seinen groben Händen vorsichtig auf. Dann trug er die Kröte ins Haus und setzte sie achtsam unter der Stiege ab.

Keine halbe Stunde später schlüpfte die Kröte zu den fiebernden Kranken in ihre Kammer. Sie sprang auf die Betten und leckte mit großer Sorgfalt die Geschwüre der Frau und der beiden Kinder ab, die dies leise stöhnend über sich ergehen ließen. Dann platschte sie wieder auf den Flur hinaus und zog sich unter die Stiege zurück. Misstrauisch hatte der Bauer dem Treiben des Heppeis zugeschaut. Nun stand er wieder ratlos vor dem Krankenbett seiner geliebten Familie, denn alle drei waren von Fieberträumen geplagt – dem Tode näher als dem Leben. Und auch am nächsten Tag hatte sich ihr Zustand noch nicht verbessert. »Ach, hätte ich diese verhexte Kröte doch erschlagen, wie es mir schon lange alle geraten haben!«, dachte sich der verzweifelte Mann. Und als ob es damit gerechnet hätte, war das Heppei zunächst wie vom Erdboden verschwunden. Dann aber begann die wundersame Heilung.

Schon am übernächsten Tag begannen selbst die schlimmsten Wunden der Kranken zu heilen. Das Fieber ging deutlich zurück, und bei der geliebten Familie des Bergbauern stellte sich sogar wieder der Appetit ein. Nach ein paar Wochen schließlich waren die Bäuerin und ihre Kinder genesen und zu neuem Leben erwacht.

Noch viele, viele Jahre lebte das Heppei in dem Bauernhaus unter der Stiege. Die Familie auf dem Hof hegte und pflegte es, bis es eines Morgens vor Altersschwäche reglos in seiner Ecke lag. Als es nach kurzer Zeit starb, begrub der Bauer es feierlich in seinem Obstgarten unter einem Birnbaum. Seine Frau und die beiden Söhne standen traurig dabei und gedachten der Hilfe, die ihnen das gute Tierchen hatte angedeihen lassen. Als sie nach einer langen Trauerstunde, in Gedanken versunken, ins Haus zurückgingen, hüpfte zur Überraschung der ganzen Familie ein neues, kleines Heppei vor ihnen schnell ins Haus hinein.

Der Hof mit seinen Feldern und Tieren kam rasch wieder in Ordnung, und die Tiere im Stall wurden nie mehr von einer Krankheit befallen. Zwar wurde der Bergbauer nicht reich, aber er und die Seinen lebten fortan ohne Sorgen – und dieses bescheidene Glück wich nie mehr aus seinem Haus.

Aus dem bayerischen Inntal ist die Existenz eines weiteren Heppeis überliefert: Direkt über Oberaudorf ragt der Gipfel des Kranzhorns in den Himmel. Wenig unterhalb des Gipfelkreuzes befindet sich eine kleine Kapelle. Für die Talbewohner war dieser Ort schon immer ein heiliger Platz und so stieg man oft zur Kranzhorn Kapelle auf, um Gott im Gebet zu danken und um Beistand zu bitten.

Einst stieg eine junge Sennerin zu dieser Kapelle hinauf, um zur Mutter Gottes zu beten. Als sie den kirchlichen Ort erreichte, sah sie, dass direkt auf der Türschwelle eine hässliche Kröte hockte. Voller Ekel stieß die Almerin das kleine Tier mit ihrem Fuß vom Eingang weg. Doch das Heppei hüpfte sofort wieder an seinen Platz zurück und glotzte das Mädchen an. Wieder wollte dieses die Kröte auf die gleiche Weise verjagen. Aber da plusterte sich das unheimliche Tier auf und bekam rundum Federn wie eine Henne. Zu Tode erschrocken stieg die Sennerin über das seltsame Wesen hinweg, öffnete rasch die Kapellentüre und stürzte in den Innenraum. Doch das gefiederte Heppei huschte, noch kurz bevor die Sennerin die Tür zuschlug, mit in die Kapelle hinein.

Vor dem Altar setzte sich das Heppei auf die Hinterbeine und legte die Vorderbeine kreuzweise übereinander. Es schien, als wollte das Tier um etwas bitten oder beten. Als sich die Almerin von ihrer Verwunderung erholt hatte, war die Kröte spurlos verschwunden. Doch im ganzen Tal war man sich sicher, dass durch das stille Gebet der Kröte eine verfluchte Seele endlich ihre Erlösung gefunden hatte.

Infos zum Ort der Sage

Oberaudorf erreicht man von München aus über die A8 und ab dem Inntaldreieck über die A93. Will man weiter zur Gipfelkapelle des Kranzhorns, fährt man von Oberaudorf nach Erl und folgt weiter der Beschilderung »Erler Berg/Kranzhorn« zum Wanderparkplatz nördlich der Trockenbacher Alm. Von hier geht es auf gut markiertem Weg in zwei Stunden zum aussichtsreichen Kranzhorn.

Spuk an der
Kampenwand

Wenn im Herbst die Kühe zu Tal getrieben worden sind und die ersten Schneefälle die Berge überzuckern, werden auch auf den meisten Almen der Bayerischen Alpen die Fensterläden dichtgemacht. Monatelang herrscht in den alten Holzhäusern dann wirkliche Bergeinsamkeit. Doch das gilt nicht für alle Almen, wie folgende Sage aus dem Chiemgau zu berichten weiß ...

Zur Zeit der Raunächte wagten sich die Bauern am bayerischen Alpenrand nur, wenn es gar nicht anders ging, in die Dunkelheit hinaus. Denn man sagte, dass Wotan mit den Toten in den Nächten zwischen Weihnachten und Heilige Drei Könige zur »Wilden Jagd« aufbreche. In dieser Zeit stand für die abergläubischen Bergbewohner das Geisterreich offen – die Seelen der Verstorbenen und die Geister hatten Ausgang. Deswegen saß man abends lieber zusammen am heimeligen Kachelofen.

Auch am Leitner-Hof, einem stattlichen Bauernhofe am Fuße der Kampenwand, hatte sich an einem Winterabend nach Einbruch der Dunkelheit die Familie sowie das ganze Gesinde versammelt. Im Schein des Kerzenlichtes erzählte man sich merkwürdige Begebenheiten und so manche gruselige Gespenstergeschichte. Der Wind heulte um den Hof herum und klapperte an den Fensterläden. Nicht nur die Kinder ängstigten sich mit jeder der Geschichten mehr und mehr. Nach dem vielen Grauen, das die Mägde gehört hatten, wollte keine von ihnen mehr hinausgehen, um vor dem Schlafen noch einmal nach den Tieren im Stall zu sehen. Nur ein junger Knecht meinte mit einem spöttischen Grinsen im Gesicht: »Mit euren alten Spukgeschichten könnt ihr mir keine Angst einjagen. Das sind doch alles Ammenmärchen!« Der Leitner-

Bauer schaute ihm fest in die Augen und sagte mit ernster Stimme: »Wenn du dich traust, heute Nacht noch zu meiner Alm aufzusteigen, dann schenke ich dir eine Kuh. Als Beweis aber, dass du dort oben gewesen bist, musst du mir einen Milchseiher mitbringen!«

Dieses verlockende Angebot brauchte der forsche Knecht nicht zweimal zu hören, denn der Besitz einer eigenen Kuh bedeutete für ihn einen großen Reichtum. Er trat auf den Leitner-Bauer zu, hielt ihm die Hand entgegen und sagte, ohne zu zögern: »Schlag ein, Bauer, die Wette gilt!« Und sofort nach dem Handschlag packte er seine Lodenjacke und seinen tiefen Schlapphut und eilte hinaus in die dunkle Winternacht.

Der Knecht musste sich auf dem Weg hinauf zur Leitner-Alm durch hohen Neuschnee kämpfen. Und der eiskalte Wind ließ ihn mehr als einmal an seinem Vorhaben zweifeln. Der Wintersturm fegte dem Burschen immer wieder den schützenden Hut vom Kopf. Er schauderte, denn es fühlte sich an, als ob eine eiskalte Hand über seinen Kopf fuhr. Hatte nicht bereits in seiner Kindheit die Großmutter vor den unheilvollen Rauhnächten gewarnt? Lauerte am finsteren Himmel vielleicht doch die »Wilde Jagd« darauf, unvorsichtige Wanderer mit sich in die Lüfte zu reißen? Warum musste er den Furchtlosen spielen und konnte sich nicht mit dem zufrieden geben, was er hatte? Doch plötzlich trat der Mond hinter der Kampenwand hervor und wies ihm mit seinem kalten Licht den Weg. Sofort waren alle Zweifel des Knechts wie weggeblasen. Unverdrossen stapfte der mutige Wanderer weiter durch den kniehohen, glitzernden Schnee. Als er nach einer guten Stunde auf eine Waldlichtung stieß, tauchte plötzlich wie aus dem Nichts eine Gestalt vor ihm auf. Seiner Kleidung nach zu urteilen, handelte es sich um einen Jäger, aber der Knecht hatte den Mann noch nie zuvor gesehen.

Mit freundlicher Stimme sagte der Unbekannte: »Wie ich sehe, bist du auf dem Weg hinauf zur Leitner-Alm. Da könntest du mir einen Gefallen tun. Oben in der Hütte am Waldrand liegen Rehhäute zum Trocknen aus, die ich wenden müsste. Du kommst direkt an der Hütte vorbei, könntest du das bitte für mich erledigen?« Der hilfsbereite Knecht erwiderte: »Warum sollen sich zwei plagen, wenn einer genug ist. Den Gefallen mache ich dir gern.« – »Vielen Dank«, erwiderte der unbekannte Jäger und verabschiedete sich mit den Worten: »Und du sollst es nicht umsonst tun. Als Belohnung kannst du dir von alldem, was neben dem Ofen liegt, nehmen, so viel du willst.«

Der Bursche fragte sich nur, wo genau die Hütte denn liegen sollte, doch er vertraute den Worten des fremden Jägers und ging einfach den gewohnten Anstieg zur Alm weiter bergauf. Und tatsächlich erreichte der Knecht bald darauf eine kleine, am Waldrand stehende Holzhütte. »Seltsam, dass mir diese Hütte noch nie aufgefallen ist«, dachte sich der Knecht. Dann öffnete er knarrend die unverschlossene Tür und sah in der Mitte des Raumes in der Tat die Rehhäute liegen. Nachdem der Knecht die Felle gewendet hatte, suchte er nach dem Ofen. Doch neben der Heizstelle lag nur ein großer Haufen von Tannenzapfen. »Das ist ja ein schöner Lohn«, schmunzelte der Knecht. Dennoch steckte er ein paar von den Zapfen in seine Tasche. »Schließlich kann man ja nie wissen, für was die noch gut sind«, dachte er sich.

Dann trat er wieder in die Nacht hinaus und setzte seinen anstrengenden Aufstieg fort. Schließlich erreichte er ganz erschöpft die Almhütte. Doch als er unmittelbar vor ihr stand, blieb er wie angewurzelt stehen. Denn in dem kleinen Häuschen brannte ein Licht. »Wer um Himmels willen mag zu dieser Jahreszeit da drinnen sein?«, fragte sich der

Knecht, dem jetzt doch etwas mulmig wurde. Vorsichtig schlich er ans Fenster. Plötzlich stieß jemand die Hüttentüre auf. Eine fremde Sennerin stürzte heraus und stieß den vollkommen überrumpelten Burschen den Abhang hinunter.

Benommen blieb der verdutzte Knecht eine Weile im Schnee liegen. Dann rappelte er sich auf und stieg abermals zur Hütte hinauf. Denn er wollte ja unbedingt den Milchseiher ins Tal mitnehmen. Doch als er vor der noch offenen Tür stand, rannte die Almbäuerin auch schon auf ihn zu, packte ihn, drehte ihn um und beförderte ihn mit einem ordentlichen Tritt in den Hintern abermals in den kalten Schnee.

Nun hatte der Knecht seine Geduld verloren. Schäumend vor Wut rannte er erneut zur Almhütte hinauf. Doch zu seiner Verblüffung begrüßte ihn dort die fremde Sennerin in diesem Moment auf das Freundlichste: »Komm doch bitte herein und wärme dich am Ofen.«

Nachdem der Knecht sich die vom Schnee durchnässten Schuhe und seine Jacke ausgezogen hatte, begann die Sennerin mit ihrer Geschichte: »Einst war ich eine sehr hochnäsige und auch faule Almbäuerin. Da durch meine Nachlässigkeit nicht nur eine Kuh verloren ging, sondern noch viel schlimmere Dinge passierten, erhielt ich die Todesstrafe. Nach meiner Hinrichtung musste ich jeden Winter hier oben auf der Alm verbringen und schwere Arbeit verrichten. Du aber hast mich nun endlich erlöst, weil du dreimal hergekommen bist und dich von meinen Stößen nicht hast abschrecken lassen. Ich danke dir von ganzem Herzen!«

Die Sennerin stand auf, um den Milchseiher zu holen. Und genau in dem Moment, in dem sie das Sieb in die Hand des mutigen Kerls drückte, wurde es schlagartig stockdunkel. Der Knecht presste die Augen kurz zusammen, und als er sie öffnete, befand er sich auf unerklärliche Weise wieder vor der Almhütte. Die Sennerin war spurlos verschwunden, doch den Milchseiher umklammerte der Knecht noch fest mit seiner Hand. Kopfschüttelnd steckte er das wichtige Beweisstück in seine Tasche und machte sich auf den Heimweg. Ein wenig unheimlich war ihm immer noch, und deshalb rannte er die ganze ausgetretene Spur von der Alm hinunter bis ins Tal. Dichte Wolken hatten den Mond mittlerweile wieder verfinstert. Seine Augen konzentrierten sich auf die größer werdenden Lichter seines Dorfes. So bemerkte er gar nicht, dass die Holzhütte plötzlich verschwunden war.

Am Hof angekommen, sah er zu seinem Erstaunen, dass in der Stube sogar noch Licht brannte. Der Leitner-Bauer saß noch über seinen diversen Abrechnungen. Grinsend trat der Knecht zur Türe hinein und zog triumphierend den Milchseiher aus seiner Jacke. Doch wie staunte er, als er sah, was da noch aus seiner Tasche herausfiel: Die einfachen Tannenzapfen aus der Hütte mit den Rehhäuten hatten sich in pures Gold verwandelt! Über Nacht war der Knecht wegen seiner Hilfsbereitschaft zu einem reichen Mann geworden – und verzichtete nun natürlich auf die ihm zustehende Kuh.

In den darauffolgenden Wochen suchten viele Burschen aus der umliegenden Region die kleine Holzhütte am Waldrand. Doch sie blieb genauso verschwunden wie die unheimliche Sennerin von der Leitner-Alm.

Info zum Ort der Sage

Leider ist die Leitner-Alm weder auf der Landkarte noch auf Nachfrage beim Fremdenverkehrsamt heute noch auffindbar. Aber ein Ausflug von Aschau aus (zu erreichen über die A8 Ausfahrt »Frasdorf«) mit einer der ältesten Seilbahnen Deutschlands bis zur Kampenwand lohnt sich natürlich dennoch.

Das Gespenst
vom Waginger See

Die uralte Frage, ob es nun Gespenster tatsächlich gibt oder nicht, beantwortet die Homepage www.gespensterweb.de heutzutage auf folgende Weise: »Die Tatsache, dass Hunderte von angesehenen Personen Geistererscheinungen hatten, als Wunschdenken, Sinnestäuschungen oder Lügen abzustufen, wäre sehr überheblich. So wurde die Existenz von Geistern und Gespenstern zu allen Zeiten in fast allen Kulturen nie in Frage gestellt.« Dem ist eigentlich nichts mehr hinzuzufügen, außer, dass Sie sich beim Lesen der folgenden Sage ordentlich gruseln dürfen!

*A*uf der Ostseite des Waginger Sees erhob sich vor langer, langer Zeit eine stolze Burg. Der Hügel, auf dem das herrschaftliche Anwesen stand, war von ausgedehnten Wäldern umgeben, die allesamt dem Burgherrn Graf von Lampoding gehörten. So wie es zu dieser Zeit üblich war, verlangte der Graf von den Reisenden und Händlern, die sein Gebiet durchqueren wollten, einen ordentlichen Wegezoll. Um zu seinem Geld zu kommen, hatte der Graf an wichtigen Wegkreuzungen Zollhäuser mit Schlagbäumen errichten lassen. Ein solcher Schlagbaum stand auch an einem Hohlweg zwischen Wolkersdorf und Lampoding. Da er tief eingegraben war, konnte sich hier kein Reisender vorbeischleichen. Erst wenn er die Maut bezahlt hatte, wurde der Schlagbaum geöffnet.

In einer eiskalten Winternacht war einst ein reicher Kaufmann von Salzburg auf dem Weg nach München, wo er am Hofe seine wertvollste Ware verkaufen wollte. Sechs schwer bewaffnete Reiter bewachten die unersetzbare Fracht auf dem dahinziehenden Tross. Schon lange kämpfte der kleine Handelszug mit den Unbilden eines furchtbaren Wintersturmes. Schließlich durchquerten die Männer mit ihren Wagen

die Wälder des Grafen von Lampoding. Als wäre die Eises-
kälte nicht schon schlimm genug gewesen, hatte der unab-
lässige Schneefall hier alle Wege tief eingeschneit. Immer
wieder kamen Wagen und Reiter von der richtigen Strecke
ab, und nicht nur einmal wäre das Fuhrwerk mit der teuren
Fracht beinahe umgekippt und in den Schnee gestürzt.
Schon bald war der Weg so gut wie nicht mehr erkennbar,
und der Wagen blieb immer wieder im Schnee stecken.

Mitten in einem Buchenwald versperrte den Reisenden auch
noch eine Schranke das Weiterkommen. Wegen des immer
stärker werdenden Schneetreibens war die Sicht trotz der
mitgenommenen Fackeln sehr schlecht geworden. Um ein
Haar wäre der erste Reiter mit seinem Pferd an dem plötzlich
auftauchenden Hindernis gestürzt.

Die Schranke war der Schlagbaum des Grafen von Lampoding. »Das hat ja gerade noch gefehlt!«, fluchte der Reiter. Er
sprang von seinem Pferd, wühlte sich zu dem Schlagbaum
durch und wollte ihn hoch ziehen. Doch da hatte der gute
Mann – wie man so sagt – die Rechnung ohne den Wirt
gemacht. Wie aus dem Nichts preschten zwölf gepanzerte
Reiter auf den vollkommen überrumpelten Mann zu. »Nicht
so hastig, mein guter Freund«, rief der Anführer der Reiter-
schar. »Wenn ihr passieren wollt, müsst ihr zuerst den Wegezoll an unseren hochedlen Grafen von Lampoding entrich-
ten.« Das machte den Reiter des Handelszuges erst richtig
wütend. »Das könnte euch so passen. Für diesen zutiefst
eingeschneiten Weg wollt ihr auch noch Geld?« Und einer
seiner Kameraden, der in der Zwischenzeit dazugekommen
war, fügte zornentbrannt hinzu: »Jetzt schlägt es aber drei-
zehn! Ihr solltet die bezahlen, die den Weg benutzen und für
euch platt walzen. Anstatt Zoll zu zahlen, sind wir es, die
dafür ein Entgelt einfordern dürften!«

Das wiederum ließen sich die Söldner des Grafen natürlich nicht gefallen, und sogleich entstand ein ordentliches Handgemenge. Da die Lampodinger in der Überzahl waren, gelang es ihnen schnell, die Bewacher des Handelszuges zu überwältigen, und auf der Stelle beschlagnahmten sie den Wagen mit der so wertvollen Fracht.

Nun mischte sich auch der reiche Kaufmann in den Streit mit ein. »Gebt mir sofort den Wagen zurück, ihr elendes Pack! Wahrscheinlich seid ihr gar keine Bediensteten des Grafen, sondern nur hundsgemeine Strauchdiebe!«, rief der puterrote Händler. Diese Beleidigung reizte nun wiederum einen der Lampodinger Reiter, der für seinen Jähzorn bekannt war, bis auf die Knochen. Ohne zu überlegen, zog er sein Schwert aus der Scheide und schlug dem armen Kaufmann den Kopf ab, ohne dass ihn jemand daran hindern konnte. Auf einen Wink ihres Anführers verschwanden die Reiter des Grafen genauso schnell, wie sie gekommen waren. Denn der Anführer der Lampodinger Reiter hatte sich gleich gedacht, dass den Bewachern der wertvollen Ware ein leichter Raub näher liegen würde als ein gerechtes Urteil. Und tatsächlich machten die untreuen Gefährten des Kaufmanns ebenso auf der Stelle kehrt und verschwanden auf Nimmerwiedersehen mit der kostbaren Fracht. Und so blieb das Verbrechen an dem Kaufmann bis zum heutigen Tage ungesühnt.

Die Burg des Grafen zu Lampoding ist über die Jahrhunderte verfallen, und auch das Geschlecht des Grafen ist erloschen. Doch der unglückliche Kaufmann findet in den Wäldern des Waginger Sees bis heute keine Ruhe. Immer wieder haben Einheimische davon berichtet, dass an der Stelle, wo einst der Schlagbaum gestanden haben soll, ein Gespenst umgehe. Der Geist sieht angeblich so aus, als ob er aus

lodernden Flammen bestünde, aber er hat die deutliche
Gestalt eines Menschen. Seinen abgeschlagenen Kopf trägt
das Gespenst unter dem Arm, und als ob das nicht schon
schauerlich genug wäre, schreit der Kopf auch noch nach
seinem Mörder.

Die Einheimischen nennen den unheimlichen Geist das
»Schrannenbaummandl«. Vor allem in stürmischen Winter-
nächten sollen seine Rufe weithin zu vernehmen sein. Und gar
schlimm erging es all denjenigen, die sich selbst eines blutigen
Verbrechens schuldig gemacht haben. Wenn diese Menschen
in das Reich des Schrannenbaummandls eintreten, dann sind
sie für immer verloren. Untrüglich erkennt der ruhelose Geist
alle Mörder, packt sie mit übernatürlicher Kraft und wirft sie
in den Waginger See, wo die Kerle jämmerlich ertrinken müssen. Wie viele Verbrecher genau auf diese Weise gerichtet wurden, weiß aber niemand aus der Gegend rund um den Waginger See mit Bestimmtheit zu sagen.

Infos zum Ort der Sage

*Das am Ostufer des Waginger Sees gelegene Lampoding erreicht man,
indem man von der A8 bei der Ausfahrt »Neukirchen« abfährt. Weiter geht es über Oberteisendorf, Oberstetten und Teichting nach Petting, das am Südende des Waginger Sees liegt. Das Schloss wurde
Mitte des 19. Jahrhunderts an die Bauernwitwe Maria Kerner ver-
kauft. Am 13. Juni 1853 heiratete die Witwe Kerner den Georg
Kerbl, der mit der Zerstörung des Schlosses begann, um das Materi-
al an die kauflustigen Nachbarn zu verschleudern und einen Schatz
zu heben. Es ging nämlich die Sage um, im Schloss sei ein Schatz
vergraben. Die Abbrucharbeiten gingen rasch voran. 1853 heißt es
bereits im Steuerkataster von Lampoding unter Haus Nr. 1: »Schloss-
rest, Schlossruine, Getreidekasten, Wagenremise, Back- und Wasch-
haus und Gesamtgrund von ca. 7,5 Tagwerk.«*

Hirtensagen
vom Untersberg

Östlich von Bad Reichenhall markiert der mächtige Untersberg die Grenze zwischen Oberbayern und dem Salzburger Land. Unzählige Sagen ranken sich um diesen geheimnisvollen Berg. Am berühmtesten ist die Legende, dass Karl der Große mit seinen Rittern und Zwergen seit über tausend Jahren im Inneren des Berges in einem unterirdischen Thronsaal schläft. Man sagt, dass der Kaiser erst dann wieder erwacht, wenn sein Bart dreimal um seinen Marmortisch gewachsen ist und keine Raben mehr um die Gipfel des Berges fliegen. Dann aber soll er aus dem Untersberg heraustreten und die letzte Schlacht zwischen Gut und Böse schlagen. Anderen Überlieferungen zufolge soll auch schon der eine oder andere Mensch dem großen Herrscher im Untersberg begegnet sein.

Einst weidete ein bettelarmer Hirtenknabe seine Herde am Fuße des Untersbergs. Fröhlich vor sich hinpfeifend, saß er auf einem bemoosten Stein und schnitzte an seinem Hirtenstab. Als er seinen Blick hob, um nach den weidenden Lämmern zu schauen, stand ein kleiner Zwerg vor ihm und sagte mit heller Stimme: »Höre, Hirtenjunge. Wenn du ein echter Kerl bist, dann führe ich dich in den Untersberg zu Kaiser Karl dem Großen!« Zuerst erschrak der Knaben ob dieses unheimlichen Angebots, doch dann überwog seine Neugierde, und er sagte mit fester Stimme: »Verehrter Zwerg, gerne möchte ich den Kaiser sehen!«

»So folge mir«, forderte ihn der geheimnisvolle Zwerg auf und lief dem Knaben mit kleinen, aber flinken Schritten voraus. Steil ging es den Wald hinauf, dessen Ende die beiden bald erreicht hatten. Nun stiegen sie durch karge Felsflanken weiter den Berg empor. Sie kamen um eine Ecke und standen plötzlich vor einer tief eingeschnittenen Schlucht. Sie führte direkt auf das Innere des Berges zu. Die Klamm wurde so eng, dass es kein Weiterkommen mehr gab – und genau dort stießen die beiden auf eine schwer beschlagene Eisentür. Sie schien fest verschlossen, aber nirgends war daran ein Schloss oder ein Schlüssel zu sehen. Da machte der Zwerg eine sonderbare Bewegung mit der Hand – und mit einem lauten Krachen flog die tonnenschwere Eisentüre auf. Dahinter führten unzählige in den Fels gehauene Stufen in die Dunkelheit des Untersbergs hinab. Als der Hirte endlich die unterste Stufe erreicht hatte, traute er seinen Augen nicht: Schlagartig wurde es taghell, und der Knabe stand inmitten einer riesigen, prächtigen Halle. Viele hundert Säulen trugen das reich verzierte Deckengewölbe. Die Wände der Halle glänzten von reinstem Silber und waren zudem mit hell leuchtenden Karfunkelsteinen geschmückt. Ringsherum standen Wächter, so starr, als seien sie aus Granit gehauen. Ebenso regungslos lagerten Ritter und Landsknechte auf dem weiten Boden des Raumes.

In der Mitte des Saales aber sah der Hirtenjunge den greisen Kaiser auf einem goldenen Stuhl sitzen. Vor dem Herrscher stand eine schwere Marmortafel. Eine funkelnde Krone schmückte das Haupt des Kaisers, seine Augen waren wie im Schlummer geschlossen. Sein schneeweißer Bart floss von des Kaisers Wangen herab und hatte sich bereits zweimal um den marmornen Tisch herumgeschlungen. Viele edle Herren, Grafen und geistliche Würdenträger saßen ebenfalls wie versteinert an des Herrschers Tafel und hatten ihre Häupter in die Hände gestützt.

Der Knabe kam aus dem Staunen gar nicht mehr heraus. Als er sich aber gefangen hatte, trat er ehrfürchtig auf Karl den Großen zu und machte eine große Verbeugung. Der Herrscher hob unendlich müde sein Haupt. Seine Augen öff-

Im Lattengebirge schaut eine bizarre Felsformation ins Berchtesgadener Land herab. Die Steinerne Agnes ist ein etwa 15 Meter hoher Fels, dessen Form an eine Sennerin mit Hut erinnert. Die Entstehung solch verwunderlicher Gesteinsformationen erklärte man sich früher oft mit einer Sage. Geologen begründen diese heute durch Materialunterschiede im Gestein. Interessanterweise gibt es zwei Versionen über die Sage von der Steinernen Agnes.

Eine junge Frau namens Agnes war einst das schönste Mädchen im gesamten Berchtesgadener Land. Die Burschen machten ihr den Hof, und viele Mädchen aus den umliegenden Dörfern beneideten die Agnes sehr. Im Kreise ihrer Freundinnen galt sie als eine lustige und hilfsbereite Kameradin und war keineswegs unbeliebt. Auch die Arbeit auf dem Hof verrichtete sie mit viel Eifer und Geschick, und so ließ der Bauer kein böses Wort über sie fallen. Darüber hinaus war das Mädchen sehr musikalisch und erfreute viele Dorffeste mit dem flinken Spiel ihres Hackbretts und mit ihrem anmutigen Gesang. Kurz und gut, die Agnes war eine überaus beliebte und angehimmelte junge Frau.

Doch mit den Jahren tat Agnes das viele Lob alles andere als gut. Sie wurde immer stolzer und gegenüber ihren früheren Freundinnen von einem wirklich abstoßenden Übermut erfüllt. Oft klagte ihre Mutter: »Mein liebes Kind, wie hast du dich verändert. Warst du doch einst ein so bescheidenes Mädchen! Du wirst noch sehen: Hochmut kommt vor dem Fall.« Doch selbst die Mahnungen der Mutter machten auf die Agnes nicht den geringsten Eindruck.

Wie gesagt, waren viele junge Burschen hinter der schönen Agnes her, und tatsächlich gelang es einem feschen Jägersmann, sie eines schönen Sommerabends zu verführen. In einem abgelegenen Heustadel verlor die jungfräuliche Agnes ihre Unschuld und wurde schwanger. Je größer ihr runder Bauch wurde, desto seltener traute sie sich unter die Leute. Damit ihre Schande, ein uneheliches Kind zu erwarten, nicht offenkundig wurde, blieb sie schließlich allen Dorffesten und sogar den Sonntagsmessen fern. Eine große Niedergeschlagenheit lastete auf der Seele der jungen Frau, die umso größer wurde, als der Kindsvater das Weite suchte und sich nie wieder bei ihr blicken ließ.

An einem stürmischen Herbstabend klopfte es an ihre Zimmertür. Als die Agnes öffnete, stand der Teufel höchstpersönlich in Jägertracht im Türrahmen. »Was härmst du dich?«, flüsterte der Höllenfürst der Unglücklichen hämisch ins Ohr. »Du könntest ja die schöne, flinke Agnes bleiben. Ein fester Druck der Hand – ein Laut –, und wie alles Weh sei auch das Lebenslichtlein deines Kindleins ausgelöscht!« Agnes erschauderte vor der Missetat, die ihr der Teufel vorgeschlagen hatte. Lange rang die schwangere Agnes mit ihrer Mutterliebe. Doch die Versuchung, ihre Schande vertuschen zu können, war allzu übermächtig! Das Böse hatte den Sieg über die Mutter davongetragen, und so tötete sie ihr Kind mit eigener Hand.

Ein solch unfassbares Verbrechen aber wurde vom Herrgott auf der Stelle bestraft. Die unsägliche Kindsmörderin wurde in einen bizarren Felsen verwandelt. Als zu Stein gewordenes Mahnmal starrt die Agnes nun bis in alle Ewigkeit in das Tal der Bischofswiesener Ache hinab.

Der zweiten Version dieser Sage zufolge hat sich die schöne Protagonistin nichts zuschulden lassen kommen, weswegen ich diese Ausführung keinesfalls vorenthalten möchte:

Die junge Agnes war eine keusche, gottesfürchtige Sennerin, die ihrer Schönheit, vielmehr aber ihrer Tugend wegen vom

Teufel verfolgt wurde. Und was ließ der Beelzebub sich nicht alles einfallen! Als verwegener Wilderer, als kräftiger Holzknecht oder als schneidiger Jägersbursche versuchte er, die Jungfrau in Versuchung zu bringen. Agnes war aber nicht dumm und merkte stets, wenn der Teufel ihr nachstellte, dass da irgendetwas nicht stimmte. Und immer blieb sie standhaft.

Da verfiel der Beelzebub auf einen gemeinen Plan: Er jagte der Agnes liebste Kuh weg und trieb sie hinauf in die steile Südflanke des Lattengebirges. Immer weiter rannte das arme Tier den Berg hinauf in Richtung des Predigtstuhls. Natürlich rannte die Agnes hinterher, um ihrem Lieblingstier aus der Not zu helfen. An der Waldgrenze unterhalb des Keilkopfs stand der Teufel plötzlich vor ihr. Der Höllenfürst setzte zum Sprung an und genau in dem Moment, als Agnes dachte, nun sei es um sie geschehen, kam ihr die heilige Maria zu Hilfe. Ein großer Felsen öffnete sich und schloss die fliehende Agnes in sein Inneres ein. Der nachsetzende Teufel prallte von ihm ab und verursachte im Fallen ein tiefes Loch. Der Körper der Agnes wurde in Fels verwandelt, ihre unschuldige Seele aber von zwei Engeln in den Himmel gerettet.

Infos zum Ort der Sage

Den Ausgangspunkt zur Rundwanderung »Steinerne Agnes« erreicht man über die Salzburger Autobahn. Von der Ausfahrt »Bad Reichenhall« geht es auf der B20 über Bad Reichenhall und Bayerisch Gmain in Richtung Berchtesgaden bis kurz hinter den Bahnübergang Hallthurm. Vom Wanderparkplatz auf der rechten Straßenseite braucht man hin und zurück etwa fünf Stunden. Der Weg ist ausgeschildert. Die letzten Meter hinauf zur Steinernen Agnes erfordern aber absolute Trittsicherheit.

König
Watzmann

Fährt man von Norden auf Berchtesgaden zu, dann öffnet sich kurz hinter Bischofswiesen schlagartig der Blick auf den majestätischen Watzmann und die östlich von ihm aufragenden Felszacken. Kein Wunder, dass eine so spektakuläre Silhouette die Fantasie der Einheimischen anregte. Die Sage von König Watzmann und seiner Familie wurde in zwei unterschiedlichen Versionen über die Jahrhunderte von Mund zu Mund weitergetragen.

Vor unerdenklich langer Zeit herrschte über Salzburg und das angrenzende Bayern ein mächtiger König namens Watzmann. Der hartherzige Mann war gegenüber seinen Untertanen ein unbarmherziger Herrscher. Er ließ die Bauern seine Macht fühlen und quälte sie, wo er nur konnte. Bei den unwichtigsten Anlässen verhängte er die härtesten Strafen, und so stürzte er unzählige Bauernfamilien ins Unglück.

König Watzmann lebte mit seiner Familie in einem riesigen Schloss, das direkt über dem geheimnisvollen Königssee in den Himmel ragte. Auch seine Frau und seine sieben Kinder waren keinen Deut besser als der unsägliche König.

Eines Morgen kam Watzmann beim Frühstück auf eine teuflische Idee: »Ich will doch mal sehen, ob meine leibeigenen Bauern genauso kräftig sind wie ihre Ochsen«, grinste er hämisch in sich hinein und schob sich rülpsend eine gegrillte Wachtel in den Rachen. Noch am gleichen Vormittag befahl er seinen Rittern, die armen, leibeigenen Bauern vor ihre Pflüge spannen zu lassen. Die legten sich mächtig ins Zeug, doch natürlich beackerten sie den harten Untergrund viel langsamer, als es den kräftigen Tieren möglich war. Damit die Arbeit schneller vonstatten ging, ließ König Watzmann die Hunde hinter den Bauern herhetzen. Schon nach kurzer Zeit waren die armen Knechte über alle Maßen erschöpft. Es kam, wie es kommen musste: Bald fiel der älteste der Bauern bewusstlos zu Boden. Als er aber mit dem Gesicht in der Ackerfurche aufprallte, sprang hinter einer größeren Erdscholle ein kleines Männchen hervor. Übermütig hüpfte es dem Pflügenden direkt auf die Hand. Der erschrockene Mann konnte nur mit Mühe einen Aufschrei unterdrücken, aber das Männlein legte warnend den Finger an den Mund und sprang dann rasch in des Mannes Jackentasche.

Erst als die Felder am Abend fertig gepflügt waren, durfte der müde, alte Bauer endlich nach Hause gehen. Dort angekommen, zog er den kleinen Wicht aus der Tasche und stellte ihn umsichtig vor sich auf den Tisch. Da fing das Männchen mit einer ganz feinen Stimme zu reden an: »Höre ganz genau zu, was ich dir jetzt sagen will. Ich bin Heinzel, der König der Erdmännchen. Ich kann und will dem verruchten Treiben des Königs Watzmann nicht mehr länger ruhig zusehen. Ich werde eurem Leid ein Ende bereiten und euch von diesem grausamen Wüterich befreien. Rufe mir schnell deine Leidensgenossen herbei!«

Der Bauer befolgte sogleich seinen Befehl und eilte fort, um seine Kameraden zu holen. Keine halbe Stunde später waren alle Leibeigenen von König Watzmann um das Erdmännlein versammelt. Und so mancher von ihnen fragte sich, wie ein so kleines Kerlchen es mit dem mächtigen König aufnehmen wolle. Da sprang König Heinzel auf einen Holzklotz und begann mit lauter Stimme: »Ihr armen Leute, hört gut zu. Wenn ihr meine Anweisungen befolgt, so werdet ihr schon morgen vom fürchterlichen König Watzmann befreit sein! Vor der Arbeit füllt ihr eure Taschen mit Kieselsteinen. Sobald König Watzmann wieder die Hunde auf euch hetzt, werft furchtlos die Kieselsteine auf den bösen Mann. Und

Unzählige Sagen handeln davon, wie verzweifelte Menschen dem Leibhaftigen ihre Seele verkauften, damit er ihnen mit seinen teuflischen Kräften aus einer Notlage helfe. Und meistens müssen solch leichtsinnige Zeitgenossen nach einer verabredeten Zeit mit dem Gehörnten zur Hölle fahren. Im Berchtesgadener Land allerdings soll ein Schmied gelebt haben, der den Leibhaftigen immer wieder mit List und Tücke an der Nase herumgeführt hat.

*V*or vielen, vielen Jahren lebte in Mitterbach oberhalb von Berchtesgaden ein Schmied. Obwohl er ganz ordentlich arbeitete, war er bis über beide Ohren verschuldet. Denn er verschleuderte all sein Geld im Trunk und im Spiel. Als er sich überhaupt nicht mehr zu helfen wusste, rief er den Leibhaftigen um Beistand an. Der war sofort zur Stelle, und der leichtfertige Schmied verschrieb sich dem Teufel durch seine eigene Blutunterschrift mit Leib und Seele. Folgender Pakt wurde geschlossen: Nach nur drei Jahren, in denen der Höllenfürst alle Wünsche des Schmieds erfüllen musste, durfte der Teufel den Schmied zu sich holen.

Der Schmied schwelgte nun in Lust und Freuden und warf das Geld dermaßen zum Fenster hinaus, dass sich die ganze Nachbarschaft über alle Maßen wunderte.

Doch allzu schnell war die Zeit um. An einem dunklen Sommerabend kam Luzifer in die Stube und wollte sich auf die Ofenbank setzen. Doch um den Teufel gnädig zu stimmen, brachte die Frau des Schmieds ihm schnell einen sehr viel angenehmeren gepolsterten Stuhl. Der Teufel fragte nach ihrem Ehegatten und die Schmiedin erwiderte, ihr Mann schlage den Rossen des Wirts in der Schenke noch die Eisen auf. Das aber war eine Notlüge, denn in seiner übergroßen

Angst und Not hatte der Schmied seiner Frau sein böses Geheimnis offenbart, sodass sie nun sehr genau wusste, wer ihr gegenübersaß. Ihr Ehemann holte sich derweil Rat beim alten Großmütterlein im Dorf, die eine kluge Frau, große Wahrsagerin und eine gute Hexe war. Die Ehefrau des Schmieds trug dem Teufel nun gutes Essen auf und gab ihm viel zu trinken, während dieser geduldig auf den Schmied wartete.

Nachdem der Schmied sich lange mit der alten Frau unterhalten hatte, ging er fröhlich in sein Haus zurück, wo er den Satan höflich aufforderte, seine Lebensfrist doch noch ein wenig zu verlängern. »Nichts da!«, rief der wütende Höllenfürst. »Du kommst sogleich mit mir mit!« Als die beiden hinter dem Haus durch den Garten gingen, wo die Kirschbäume voller Früchte hingen, bettelte der Schmied den Teufel an: »Gestatte mir noch einen letzten Wunsch. Steige für mich auf einen der Kirschbäume und pflücke mir ein paar Kirschen ab, die ich doch so sehr liebe.« Der gute Teufel ließ sich zähneknirschend auf diese letzte Bitte ein. Doch als er genug Kirschen abgepflückt hatte und wieder herabrutschen wollte, zog der Schmied mit einer weißen Wunderkreide, die ihm die alte Frau gegeben hatte, einen Kreis um den Baum. Von unheimlichen Kräften gebannt, saß der Satan nun auf dem Ast fest.

»Wenn du mir unseren Vertrag runterwirfst, will ich den Zauberbann wieder aufheben«, rief der dreiste Schmied zum Teufel hinauf. Der Höllenfürst überlegte lange hin und her und schleuderte dem wartenden Schmied schließlich eine falsche Urkunde entgegen. Der aber erkannte den Betrug, und so verbrachte der Teufel schimpfend, fluchend und vor allem unsäglichen Gestank verbreitend sechs volle Stunden in seinem luftigen Gefängnis.

In der Zwischenzeit war es lange Nacht geworden und auch die Geisterstunde näherte sich ihrem Ende. Dadurch geriet der Teufel in Gefahr, seine Macht auf immer zu verlieren. Das machte ihn nun gänzlich mürbe. Er drehte eines seiner Hörner ab, nahm daraus ein altes, vergilbtes Stück Pergament und warf es dem Schmied herab. Als dieser darauf seine eigene Handschrift wiedererkannte, zerriss er den unheilvollen Zettel in tausend Fetzen. Dann zog er mit schwarzer Kreide einen Kreis um den Kirschbaum, und mit einem großen Knall fuhr der Satan in den dunklen Himmel auf.

Aber wer sich einmal mit der Hölle eingelassen hat, der ist ihr verfallen und vermag sich nimmer loszumachen. So war es auch mit dem Mitterbacher Schmied. Als er wieder in großen Geldnöten war, verschrieb er seine Seele abermals dem Satan. Und diesmal nahm sich der betrogene Beelzebub wohl in acht, um nicht wieder geprellt zu werden. Nach Ablauf der verabredeten Zeit bat der arme Sünder, es möchten ihm nur noch drei irdische Wünsche erfüllt werden, weil er nun doch sein liebes Weib und seine Kinder für immer verlassen müsse.

Auch die Frau des Schmieds bat den Teufel inständig um die Erfüllung dieser Bitte, und die jungen, rotbackigen Töchterchen streichelten dem Geißfuß flehend die haarige Wange. Und siehe da, der gehörnte Griesgram wurde weichherzig und konnte nicht mehr widerstehen.

Der Schmied äußerte seinen ersten Wunsch: »Baue mir über Nacht eine Mauer um alle meine Wiesen herum. Die Einfriedung aus Quaderstücken soll zehn Schuh hoch und fünf Schuh dick sein!« Dieses kühne Begehren löste der Teufel in Windeseile. Wie besessen schleppte er Unmengen von großen Wackersteinen herbei und schichtete das Blockwerk noch vor dem Morgengrauen auf.

133

Am nächsten Morgen umgab das Anwesen eine prächtige und mächtige Mauer. Der Schmied bestieg seinen Schimmel und rief: »Zum Zweiten pflastere mir und meinem Pferd den Weg und reiße ihn hinten wieder auf. Und zwar so schnell, wie ich reite!« Auch dieses Teufelswerk geschah in Windeseile, obwohl der Schmied so lange und schnell ritt, bis sein armes Pferd erschöpft zusammenbrach.

Für den dritten Wunsch holte sich der Unvorsichtige wieder Rat bei der weisen Frau im Dorf, die ihm riet: »Gib dem Teufel eine Locke deiner krausen Haare, damit er sie gerade schmiede.« Gesagt, getan. Der Höllenfürst dengelte zuerst gewaltsam darauf los. Dann spannte er die Haare in einen kleinen Webstuhl ein, doch sie rollten sich sogleich wieder zusammen. Und als er auch noch mit dem Bügeleisen der Frau des Schmieds keinen Erfolg hatte, erkannte er die Unmöglichkeit der Aufgabe. Voller Ärger und Verdruss fuhr er fluchend von dannen.

Der Mitterbacher aber, blind und frech gemacht durch so oftmalige unverhoffte Rettung, verschrieb sich zum dritten Mal dem Teufel und musste nun wirklich mit ihm in die Hölle. In der Unterwelt gibt es einen Ort für diejenigen, die auf der Welt keinen Mord, keinen Raub noch andere schwere Vergehen begangen, sondern im Trunk und im Spiel ihre Tage verbracht haben. Dort sitzen die lustigen Brüder in einer pechschwarzen Rauchkammer, die gar unheimlich von Spanlichtern erhellt ist. Sie trinken Bier und Schnaps, spielen Karten, zerkriegen sich, raufen und werden wieder gut miteinander. Einschenken und putzen müssen die jungen Teufel. Die aber zwicken die Spieler manchmal in ihrer angeborenen Bosheit mit ihren glühenden Zangen und tun ihnen auch sonst allerlei Übles an. Als der Mitterbacher mit seinem wohlgefüllten Handwerkssack und in Begleitung des Ober-

teufels in die Rauchkammer trat, waren alle neugierig
gespannt. Denn auch hier unten hatte man von der Dreistig-
keit des Schmiedes gehört. Er setzte sich an einen Tisch, und
die Teufel begannen sogleich, ihn zu ärgern. Da griff er nach
seinem guten Hammer, schlug auf die Hornträger ein und
steckte sie nach einem mannhaften Kampf in seinen Sack,
den er weiter mit seiner Beißzange bearbeitete. Die Teufel
schrien um Gnade. Da entließ der Fürst der Hölle den
Schmied höchstpersönlich, weil er einfach zu unbändig war.
Stolz warf dieser den Sack mit den kläglich zugerichteten
Teuflein in eine Ecke, sagte den fröhlichen Kameraden Lebe-
wohl und ging rasch von dannen, in den Fäusten Hammer
und Zange haltend.

Der Mitterbacher ging nun geradewegs auf den Himmel zu
und klopfte nach seiner Art mit dem Hämmerlein an die
Pforte. Aber Sankt Petrus machte ihm nicht auf. Da wurde
der Schmied zornig, drückte die Tür mit Gewalt auf, warf
den Petrus die Himmelsleiter hinab und drang bis vor Gottes
Angesicht. Gott aber rief ihm zu: »Weiche von mir, Verwor-
fener, und wandere in Ewigkeit! Du gehörst nicht in den
Himmel, taugst nicht in der Hölle und kannst nimmer zur
Erde zurückkehren.«

Seitdem wandert der Schmied von Mitterbach im Berchtesgadener Land herum bis in alle Ewigkeit.

Infos zum Ort der Sage

*Der Weiler Mitterbach liegt etwas oberhalb von Berchtesgaden
(Anfahrt über die A8 bis Ausfahrt Bad Reichenhall und weiter auf
der B20 über Bad Reichenhall nach Berchtesgaden). Einen ganz kon-
kreten Sagenort gibt es zwar nicht zu entdecken, aber dafür gibt es
rund um Mitterbach schöne und leichte markierte Wanderwege.*

Der Jäger Berchthold

waren über und über mit glitzernden, schneeweißen Salz-
kristallen bedeckt. Und da das Salz in der damaligen Zeit ein
sehr teures Gut war, war Berthold mehr als beschämt darüber, dass die Nixe ihm ein zweites Mal einen so wertvollen
Schatz gezeigt hatte.

Berchthold war auf der Stelle klar, dass er das »weiße Gold«
nicht allein aus den Tiefen des Berges heben konnte. So stellte er kräftige Burschen aus den umliegenden Dörfern an, um
die ersten Salzstollen in die steilen Felswände zu schlagen.
Bald entstand am Fuße des Berges eine Siedlung, die nach
seinem Gründer »Berchtholdsgaden« benannt wurde und bis
in heutige Zeit als »Berchtesgaden« weit über die Täler des
Königssees hinaus bekannt ist.

Berchthold und seine Frau kamen durch die schwere, aber
ehrlich verdiente Arbeit des Salzabbaus wieder zu einem
bescheidenen Reichtum, den sie bis zu ihrem Tod nicht
mehr leichtsinnig verschleuderten.

Infos zum Ort der Sage

*Den Königssee erreicht man über die A8 bis zur Ausfahrt »Bad Rei-
chenhall« und weiter auf der B20 über Bad Reichenhall nach Berchtesgaden. Von dort folgt man der Beschilderung zum Großsparkplatz
(gebührenpflichtig) am Königssee. Mit der Bahn fährt man mit
Umsteigen in Freilassing nach Berchtesgaden und von dort mit einem
lokalen Bus zur Schiffsanlegestelle. Es lohnt sich, mit dem Schiff
zuerst zur Anlegestelle Salet-Alm zu fahren und von dort noch die
kleine Wanderung zum Obersee zu unternehmen. Tipp: Der Königssee ist bei Touristen sehr beliebt. Wenn man an Wochenenden oder
zu Ferienzeiten unterwegs ist, sollte man sich möglichst antizyklisch
verhalten. Also ein ganz frühes Schiff ins Auge fassen (bevor die Rei-
sebusse kommen) oder aber so spät wie möglich starten.*

Aibling 92
Altötting 73, 81
Ammersee 37
Amperleite 51
Aschau 107
Aubing 17
Aubinger Lohe 19
Aubinger Moor 19
Aubinger Schloss 19
Audorfer Berg 97

Bad Reichenhall 115,
  119, 123, 129, 135,
  141
Bad Tölz 91 f., 94
Bayrisch Gmain 123
Berchtesgaden 123,
  125, 129, 131,
  140 f.
Berchtesgadener
  Alpen 119, 137
Berchtesgadener Land
  121, 128, 131, 135
Bischofswiesen 119
Bischofswiesener Ache
  122
Böbing 51
Buchloe 35
Burg 72 ff., 79
Burghausen 81, 83,
  85, 88 f.
Burghausener Burg
  85

Chiemgau 103

Dillingen 35
Donau 35

Ebersberg 62 ff., 67

Ebersberger Forst 67
Ehrwald 55
Eisenfelden 74
Engfurt 75, 78
Erl 101
Etterschlag 35

Feldafing 46
Föching 91, 93
Forstinning 67
Freilassing 141
Freising 37

Garmisch 54
Garmisch-Partenkir-
  chen 57
Gartenau 119
Gauting 39, 41
Grünstein 129

Haag 61
Hackensee 94
Hallthurm 123
Hohenlinden 67
Hoher Peißenberg 51
Holzkirchen 91 ff.

Ingolstadt 9, 11, 14
- Franziskanerinnen-
  Kloster 12
- Liebfrauenmünster
  11
Inn 92
Inntal 97, 100
Isar 61, 92, 94

Jexhof 34

Kaiserberg 74, 76 f.,
  79

Kampenwand 102 ff.,
  104
Karlsburg 41
Kirchsee 92
Kissing 33
Königsdorf 59, 61
Königssee 128
Königssee 137, 139
  ff.
Kranzhorn 100 f.
Kreuzfelsen 80 ff.
Kuchelschlag 34 f.

Lampoding 109 ff.
Lattengebirge 121
Lech 33, 51
Leitner-Alm 104, 107
Leutstetten 41

Manching 9
Mangfall 92 f.
Mangfallknie 91
Mangfalltal 93
Marktl 89
Mauern 35
Mittenwald 55
Mitterbach 130, 135
Mühldorf 79
München 17, 64, 109
- Franziskaner-Bäk-
  kerhaus 27, 29, 31
- Frauenkirche 20 ff.
- Nymphenburger
  Schloss 65 f.
- Thiereckgässchen
  23, 25
- Toerring-Palais 27,
  31
München-Lochhausen
  19

Münchner Liebfrauen-
  dom 21

Neukirchen 112

Oberaudorf 100 f.
Oberrottmarshausen
  34
Obersee 141
Oberstetten 112
Oberteisendorf 112
Osterhofen 61
Osterzell 35
Otterfing 94

Partenkirchen 57
Partnach 53, 55 f.
Partnachklamm 53,
  55, 57
Peißenberg 51
Petting 112
Possenhofen 44

Ramsau 129
Reintal 53

Rosenheim 92
Roseninsel 42 ff.
Rottenbuch 48 ff.

Salet-Alm 141
Salzach 80 ff.
Salzachdurchbruch
  81
Salzburg 109, 125
Salzburger Hochthron
  119
Salzburger Land 115
Schachen 55, 57
Schloss Possenhofen
  44
Schönau 129
Schönegger Käse-Alm
  51
Schöngeisinger Forst
  33 f.
Starnberg 41, 43, 45
Starnberger See 43 ff.
Steinhöring 79

Teichting 112

Tögling 79
Trockenbacher Alm
  101
Tutzing 43

Untersberg 114 ff.

Vohburg 6 ff.
- Andreaskirche 9

Waginger See
  108 ff.
Wasserburg am Inn
  68 ff.
Watzmann 124 ff.
Weihenstephan 37,
  40 f.
Weilheim 51
Winhöring 79
Wolfratshausen 59
Wolfsgrube 61
Wolkersdorf 109
Wörthsee 35
Würmsee 37, 41
Würmtal 41

Unser komplettes Programm:

www.j-berg-verlag.de

Produktmanagement: Claudia Hohdorf
Textredaktion: Simone Calcagnotto-David,
München
Satz/Layout: Christian Weiß, München
Repro: Scanner Service S.r.l.
Umschlaggestaltung: Thomas Fischer unter Ver-
wendung einer Illustration von Christian Weiß
Kartografie: Achim Norweg, München
Herstellung: Thomas Fischer
Printed in Italy by Printer Trento

Alle Angaben dieses Werkes wurden vom Autor
sorgfältig recherchiert und auf den aktuellen
Stand gebracht sowie vom Verlag geprüft. Für
die Richtigkeit der Angaben kann jedoch keine
Haftung übernommen werden. Für Hinweise
und Anregungen sind wir jederzeit dankbar.
Bitte richten Sie diese an:
J. Berg Verlag
Postfach 80 02 40
D-81602 München
E-Mail: lektorat@j-berg-verlag.de

Bildnachweis:
Umschlagvorderseite: Christian Weiß, München
Alle Illustrationen im Innenteil stammen von
Bernd Wiedemann, Krailling.

Ein Titeldatensatz für diese Publikation ist bei
der Deutschen Bibliothek erhältlich.
© 2007 J. Berg Verlag in der C.J. Bucher Verlag
GmbH, München
ISBN 978-3-7658-4174-3

143

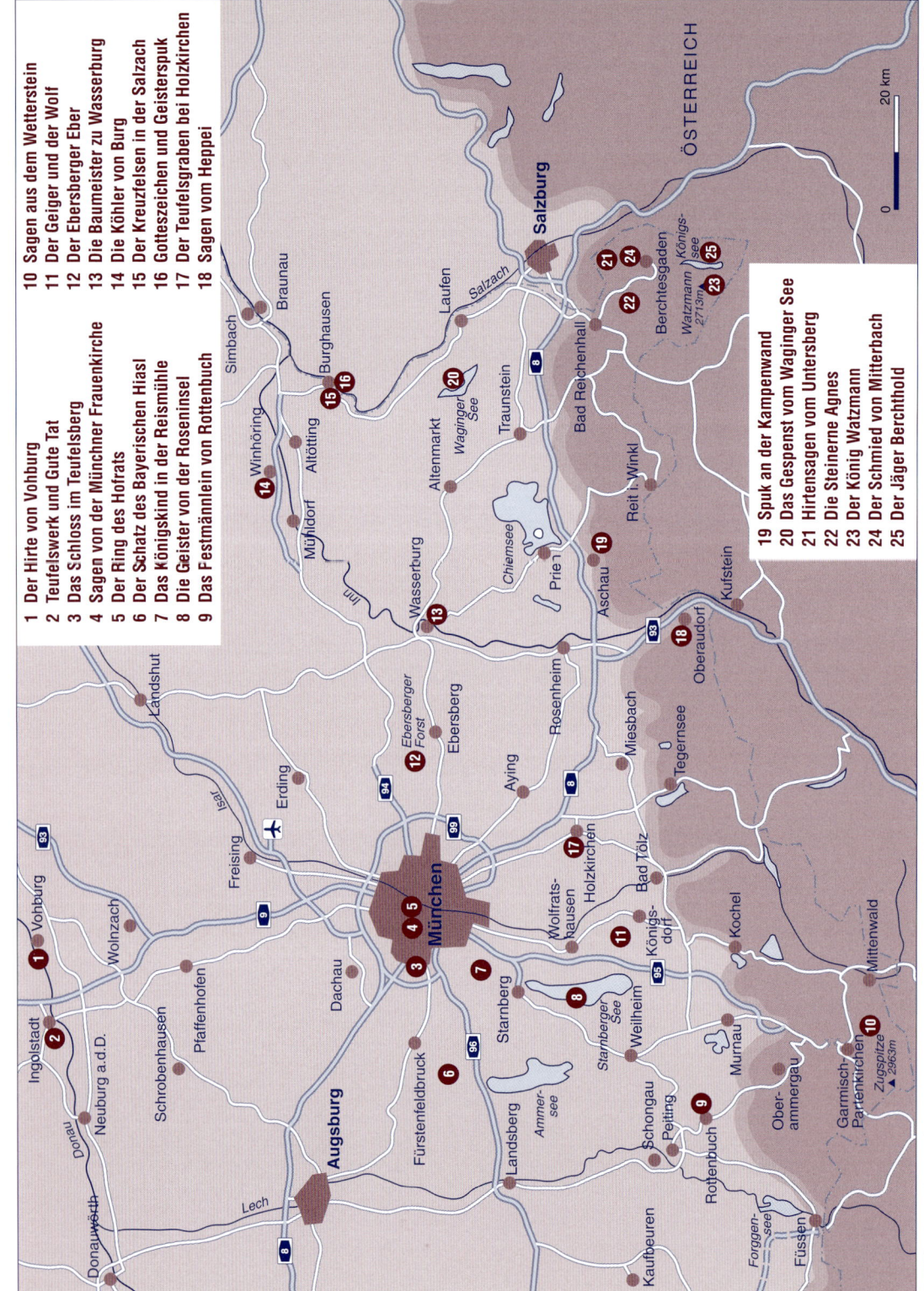

1 Der Hirte von Vohburg
2 Teufelswerk und Gute Tat
3 Das Schloss im Teufelsberg
4 Sagen von der Münchner Frauenkirche
5 Der Ring des Hofrats
6 Der Schatz des Bayerischen Hiasl
7 Das Königskind in der Reismühle
8 Die Geister von der Roseninsel
9 Das Festmännlein von Rottenbuch

10 Sagen aus dem Wetterstein
11 Der Geiger und der Wolf
12 Der Ebersberger Eber
13 Die Baumeister zu Wasserburg
14 Die Köhler von Burg
15 Der Kreuzfelsen in der Salzach
16 Gotteszeichen und Geisterspuk
17 Der Teufelsgraben bei Holzkirchen
18 Sagen vom Heppei

19 Spuk an der Kampenwand
20 Das Gespenst vom Waginger See
21 Hirtensagen vom Untersberg
22 Die Steinerne Agnes
23 Der König Watzmann
24 Der Schmied von Mitterbach
25 Der Jäger Berchthold